はじめての道徳

永田繁雄・浅見哲也 編著

東洋館出版社

　皆さんは、教室で子どもと一緒に過ごし始めて、また、教壇に立って、まだ何年も経っていないと思います。そこで、今、思い返してみてください。皆さんは、なぜ、教師の道を選んだのでしょうか。

　きっと、「子どもの心を育てたい」「子どもの幸せを育みたい」、そして、「子どもと一緒に人間的な成長をしたい」、そんな熱い思いから教師になったのではないでしょうか。おそらく、子どもに知識や技能を身に付けさせよう、そして学力を伸ばそうという気持ちよりも、生き方を応援したいという願いの方がはるかに強かったのではないでしょうか。

　その真ん中には、いつも道徳の授業があるはずです。

　編集を担当した私たち二人が小学校の教員になったのはだいぶ昔のことですが、子どもたちへの思いはもちろん同じでした。それこそが教師になることの一番の魅力であって、やり甲斐だったからです。

　今、思い返すと、道徳の授業では「なるほどね！」「そうなんだ！」が最大の口癖でした。子どもの気持ちを丸ごと受け止めている自分がいたからです。しかし、実際の授業は、受け止めているだけでは、うまくいかないときの方が断然多く、次のような失敗を数知れず重ねてきました。

　△子どもの発言を整理しきれず、ただ黒板に並べていくだけの授業…

　△ねらいとしていたことが何も子どもから発言されなかった授業…

　△話し合いが盛り上がって、予定の半分も進まなかった授業…　など

　それでもなぜか、特別に心がホットになる不思議な時間でした。

　その、道徳の時間と呼ばれてきた毎週1時間の授業が、平成の最後に「特別の教科」である道徳科となって、今までにもましてさまざまな形で充実して行えるようになりました。そこで、本書では、令和の時代の道徳科について、その考え方、進め方、工夫の仕掛け方などをわかりやすく説明するように努めました。

　本書の各ページを開いてみてください。道徳授業の特性、授業準備、授業づくり、指導技術、学習評価、そして、「こんなときどうする？」とい

うQ&Aなど、6つの章に分けたそれぞれの見開きから、多彩なヒントを得ることができるはずです。まずは、前から全体を読んでいくのもよいでしょう。困ったときの手引きとして、わからなくなったり、迷ったりしたときに該当するページを開けてみるのもよいでしょう。

　しかも、本書の各ページを分担していただいた先生方は、頼りになる皆さんの先輩です。小学校で道徳の授業で実際に悩み、また楽しさを感じ、多様な工夫をしながら進めてきている先生方ばかりです。これから本格的に取り組んでいこうとする皆さんと同じような迷いや悩みを経験してきているだけに、伝えたいメッセージもとりわけ熱くなっています。

　ぜひ、道徳の授業の可能性を信じて取り組んでみましょう。毎週の授業はわずか1時間ずつで小粒ですが、それは、扇の「要」のように毎日の学校や家庭生活のすべてに広がっています。また、子ども1人の過去から将来へと縦に息長くつながっていきます。小粒だからこそ、まいた「種」や植えた「苗」が育つように、大きな魅力を秘めているのです。そして、私たちが子どもと共に授業を心から楽しみ、それが少しずつでも確実にできるようになっていくと、子どもの心も見えない根っこを伸ばし、自尊感情を高めて、葉っぱの両手を空に向けて広げていくことができるのです。

　本書を生かして、道徳授業を一層好きになってください。道徳の授業に臨む教師としての自分らしさも大事にしながらさまざまな工夫を楽しんで、子どもたちの生き方を共に後押ししていきましょう。

2025年3月

編者

第6章 Q&A

※本書においては

・平成29年版小学校学習指導要領→学習指導要領

・小学校学習指導要領(平成29年告示)解説　特別の教科　道徳編→解説

と略記しています。

第 1 章

道徳の
教科特性

① 「特別の教科　道徳」ってどんな教科?

1 道徳が「特別の教科」となったのはなぜ?
2 道徳教育と道徳科は扇の面と要の関係になる
3 道徳科の目標から授業の姿をイメージする

　いま、各学級で毎週行っている道徳の授業は、皆さんが小・中学生の頃には「道徳の時間」と呼ばれていたことを覚えていますか。それが、平成の最後に改訂された現在の学習指導要領において、「特別の教科　道徳」（以下、「道徳科」とも示す）として新たに教科化され、位置付け直されました。

　なぜ、教科化されたのでしょうか。しかも、「特別の教科」と呼ぶのはなぜでしょうか。また、それはどんな位置付けや目標をもつのでしょうか。そのことについて、押さえていきましょう。

1 道徳科が「特別の教科」として教科化されたのはなぜ?

（1）子どもの心の危機の課題などにしっかりと向き合うために

　道徳の授業が道徳科へと位置付け直された最大の理由、それは、子どもたちの自尊感情の不十分さ、いじめの広がり、規範意識の低下など、心の成長に関わる問題がより深刻化してきたからです。

　しかし、そのような状況の中で、それらの問題に向き合うはずの道徳の授業が、必ずしも十分に行われてきたとは言えませんでした。道徳の授業を別の学習へと振り替えたり、他の教科より軽視されるような傾向もあったりしました。また、授業そのものが、お話の中の登場人物の気持ちを順番に考えるだけの子どもにとって魅力のないものになってはいないだろうかという問題もしばしば聞かれました。そこで、各学校で、よりしっかりとした形で計画的に進めることができるように「強化」して、授業の一層の「質的改善」を図る、それが教科への位置付けの大きな理由でした。

（2）各教科とは違う「特別の教科」として位置付ける

　では、道徳科はなぜ「特別の教科」なのでしょうか。実際に、学習指導要領の目次を見ると、「第2章　各教科」に続いて「第3章　特別の教科　道徳」と分けられていて、国語科などの教科と明確に区別されているのがわかります。しかも、「特別な教科」ではなく、「特別の教科」と言います。「特別な」では「特殊な」「変わっている」というニュアンスになりますが、そうではなく、同じ教科ではあるものの、目的や位置付け、扱い方などが特別の趣旨をもっていることから、「特別の教科」と言われています。

　よく、教科の要件として「教員免許」「教科書」「評価」の3つが取り上げられますが、それで考えてみると、下表のように整理することができます。

　このように、道徳科の指導は、中学校の場合も学級担任が中心で、各教科等とは違います。また、今回、授業の充実を図るために、教科と同じく、初めて教科書が無償配布されました。しかし、道徳科は各教科等のようなランキング的な評価は決して行いません。見えない心の成長を信じる個

道徳科が「特別の教科」として成立する3つの要件

その1：学級担任が指導する
……学級担任が指導することが中心。中学校でも、各教科のような道徳科の教員免許は置かない。

その2：教科書を無償配布する
……授業を計画的に確実に実施できるように、検定済みの教科書を無償で配布する。

その3：数値による評価はしない
……子どもの心の成長について数値などによる評価はなじまない。通常の教科のような評定は行わない。

人内評価を中心とするからです。このような性格から、道徳の授業が「特別の教科」とされたのです。

「特別の教科」しての道徳科がスタートして何年か経ちました。この変化をビッグチャンスととらえて、そのよさを生かしていきましょう。

2　学校全体で行う道徳教育の「要」としての役割とは？

（1）扇の全体で風を起こす道徳教育を「要」としての道徳科が束ねる

　次に押さえておきたいこと、それは、道徳科の授業の中で道徳教育のすべてを行っているという勘違いをしないことです。道徳科の授業だけで道徳教育の

全体をカバーできません。学習指導要領では次のように示しています。

> 学校における道徳教育は、特別の教科である道徳（以下「道徳科」という。）を要として学校の教育活動全体を通じて行うもの（以下略）

　この関係を表すと、右図のようになります。このように、道徳教育は、各教科、外国語活動、総合的な学習の時間、特別活動などのそれぞれの学習や活動の特質を生かしてさまざまな道徳教育を行っています。

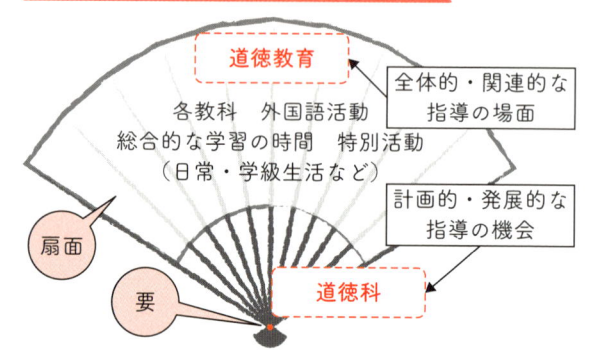

　例えば、理科の学習で生命の尊さや、自然への愛護、家庭科で家族への親しみ、また、特別活動の集団活動、学校行事などを通して、友情、集団の役割など、さまざまに心を育む機会があります。

　このように、図の「扇面」の全体で道徳教育の風を起こします。道徳科の授業はそのさまざまな風について、不十分なところを補ったり、一層深めたり、全体として束ねたりするような「要」としての役割があるのです。

（2）道徳性を育むために、道徳科では計画的・発展的に指導する

　少しややこしくなりますが、このことを、道徳教育と道徳科の目標の関係で見てみるとよくわかります。道徳教育の目標は、小学校学習指導要領の場合、その骨組みを次のような関係で表すことができます。

> 道徳教育の目標 …（その骨子を押さえてみると…）
> ○自己の生き方を考え、
> ○主体的な判断の下に行動し、
> ○自立した人間として他者と共によりよく生きる
> ── そのための基盤となる道徳性を養う。

　このように、子どもの主体的で豊かな生き方の根っこ（基盤）となる「道徳性」を養うことが道徳教育の主な目標です。

　そして、毎週行う道徳科では、次の項で示すように、子どもの心の根っこに直接働きかけ、心を揺り動かして、「よりよく生きるための基盤となる道徳性」

を計画的・発展的に育んでいくことになります。これらの関係を心に留めて、見通しのある道徳科の授業を進めていきたいですね。

3 道徳科では道徳的価値の理解を深め、生き方を考える

（1）道徳科の目標を分けてみると授業のイメージが見えてくる

ここで、道徳科の目標について、一度目を通しておくことにしましょう。

小学校学習指導要領では次のように示しています（一部省略）。右にはそれぞれの箇所でのポイントとなるキーワードを示しています。

道徳科の目標 …（その記述を分けて考えると…）	目標のポイント
◎ よりよく生きるための基盤となる道徳性を養うため、	…資質・能力
① 道徳的諸価値についての理解を基に、	…道徳的諸価値に関わる さまざまな理解
② 自己を見つめ、	…多様な考え方
③ 物事を多面的・多角的に考え、	…自分自身の問題
④ 自己の生き方についての考えを深める学習を通して	…道徳性の諸様相
◎ 道徳的な判断力、心情、実践意欲と態度を育てる。	

このように、道徳科は、生きる上での基盤となる道徳性を養うために、

①道徳的諸価値に関わるさまざまな理解をその学習のベースとして、

②自己を見つめながら、 ③多様な見方や考え方の中で磨き合って、

④自分らしい価値観や生き方を生み出していく。

そのような学習のイメージがつなげられていることがわかります。

このそれぞれについては、1章のこの後や、3章の授業づくりの中などで詳しく考えます。ぜひそのポイントを押さえてみてください。

（2）毎時間の道徳科の授業の一層の「質的改善」を図ろう

道徳科が、「特別の教科」になったことで、特に大事にしたいこと、それは、最初に述べたように、道徳授業の「質的改善」を図ることです。そのために、どんなことを心に留めるとよいのでしょうか。そのヒントとなりコツとなるものが、本冊子の中にさまざまに織り込まれています。

例えば、その一つは、「考え、議論する道徳」の実現です。また、子どもが「多面的・多角的に考える」ための工夫なども重要になります。私たちは、子ども一人一人のために、そのような考えを心得て生かしつつ、授業づくりを楽しむ思いで授業をつくっていくようにしたいものです。

② 道徳科らしい授業とは どんな授業だろう

1 内容項目を手掛かりとして授業を行う
2 教材を活用して授業を行う
3 心を育てる授業を行う

　道徳科ってどんな授業なのでしょうか。子どもの立場で考えると、「道徳は正解が一つではないから何を言ってもよい」あるいは「お話を読んで話し合い、生き方を考える大切な時間」。このような印象があるのかもしれません。一方、教師の立場で考えると、一つの正解があれば教えることができるのですが、それが明確ではないためどう指導すればよいのかがわかりにくい。それでいて何でもよいわけではないところが難しい。このような声を聞くことがあります。

　では、「道徳科の授業らしさ」、つまり、道徳の授業にはどのような特別な性質があるのでしょうか。次の3点を挙げられます。

1 道徳科は内容項目を手掛かりとして授業を行う

　学校で行う道徳教育は、その指導する内容が学習指導要領に定められており、例えば「善悪の判断、自律、自由と責任」「親切、思いやり」「規則の尊重」「生命の尊さ」など、全部で22ある内容項目を1単位時間で一つ取り扱って授業を行うことが一般的です。したがって、先に述べた「正解は一つではない」のが道徳科の学びの特徴ではあるのですが、「何でもよい」というわけではないのです。その授業で手掛かりとする内容項目に含まれている、よりよく生きるために必要な道徳的価値の理解を基にしながら話し合っていくことが道徳科の授業の一つの性質です。

2 道徳科は教材を活用して授業を行う

　道徳科の授業では、読み物や映像などの教材を活用して授業を行います。教

材を活用することで、すべての子どもたちが話し合いに参加できるようになるわけです。しかし、国語の学習も経験している子どもたちは、教材が与えられると、つい、登場人物の気持ちを読み取ろうとします。また教師も同様に気持ちを読み取らせ、教材そのものを理解するような授業をしてしまうことがあります。本来道徳科では、子どもたちは教材の世界に自分を置き、さらに登場人物に自分を重ねながら自分自身を理解し、自分の生き方を考えていくものです。これが道徳科の授業のもう一つの性質です。

3 道徳科は心を育てる授業を行う

　道徳科の授業は、その目標として「よりよく生きるための基盤となる道徳性を養う」と示されています。この道徳性については第1章3で説明しますが、外面に表出される行為ではなく、内面にある心であり、それは一人一人が大切にしたい道徳的価値が統合されてつくり上げられる、その人の人間らしいよさと言えます。だからこそ、授業者である教師の特定の価値観を押し付けてしまうような指導は相応しいとは言えません。教師は、確かに子どもたちよりは豊富な経験に基づく正しい判断ができるようになっていると思われますが、その判断や物事に対する価値観は唯一の答えではないのです。また、最終的に子どもたちには道徳的行為が実践できるようになってほしいと望んでいます。しかし、道徳科の授業で「これからはどうしますか？」と問い、決意表明をさせるのも道徳科の指導としては相応しいものではありません。あくまでもそのような行為に伴う道徳的価値のよさや難しさを感じ取り、この道徳的価値は自分にとって大切なものだ、このような道徳的価値を生活で試してみたい、自分の生き方に生かしていきたい、という心を育てるのが道徳科の授業です。

　道徳が特別の教科になる以前に、課題として指摘された授業は次のようなものです。

○主題やねらいの設定が不十分な単なる生活体験の話し合いのような授業

○読み物教材の登場人物の心情理解のみに終始するような授業

○望ましいと分かっていることを言わせたり書かせたりすることに終始するような授業

　道徳科らしい授業とは、この対極にあるような指導によって、子どもたちが自分の心を見つめ、新たな課題や目標を見つけたり、自分の成長を実感したりするような授業と言えます。

3 道徳科で育む「道徳性」ってどんなもの?

1 よりよく生きる人を育てるために…
2 「道徳性」は目に見えない!?
3 「道徳性」は4つの様相でとらえる!

1 自立した人間として他者と共によりよく生きるための基盤

　みなさんは、教師として子どもたちに将来どのような人になってほしいと願うでしょうか。「思いやりのある人」「正義感をもった人」「何事にも挑戦する人」「多様な人々と未来を切り拓_{ひら}ける人」…。目指す人間像はさまざまですが、こうした人になるために必要な基盤は共通しています。それが、「道徳性」です。「道徳性」は、『小学校学習指導要領（平成29年告示）解説　総則編』に次のように説明されています。

○よりよく生きるための営みを支える基盤となるもの
○人間としての本来的な在り方
○よりよい生き方を目指して行われる道徳的行為を可能にする人格的特性
○人格の基盤をなすもの

　グローバル化や人工知能（AI）の飛躍的な進化など、急速な社会の変化の中で、「人間としていかに生きるべきか?」ということが今まで以上に問われる時代です。「自分はどう生きるのか?」と自問自答しながら、主体的な判断の下に行動し、多様な人々と共によりよく生きようとする姿勢が重要となるのです。そうした生き方の基盤となるものが「道徳性」であり、道徳科で育てる資質・能力であると考えることもできます。

2 「道徳性」は目に見えない内面にあるもの

　総則編の解説には、「道徳性」について次のような説明もされています。

○道徳的価値が一人一人の内面において統合されたもの

道徳的価値とは、「よりよく生きるために必要とされるもの」です。ここで、道徳性や道徳的価値を海に浮かぶ氷山に例えてみます。

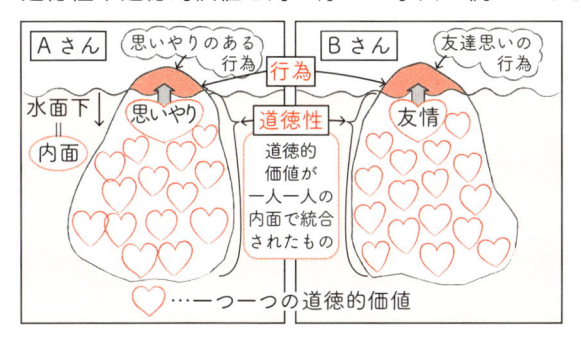

Aさんは、全教育活動での道徳教育や道徳科で、「思いやり」（道徳的価値）がよりよく生きる上で特に大切であると感得しました。

すると、Aさんの内面で「思いやり」（道徳的価値）が重要な位置を占めるようになり、いろいろな場面で思いやりのある行為をするようになってきます。次に、Bさんはどうでしょうか。Bさんは、特に「友情」が大切だという価値観を内面で高めたので、友達思いの行為が多く表れるようになってきます。

このように、目には見えない内面化された「道徳性」（内面的資質）が基盤にあるからこそ、人間は、よりよい行動や生き方ができるのです。

道徳科は、この「道徳性」をじっくりと養うことを目的としています。これは、1単位時間の道徳科を行ったからといってすぐに養われたり、授業後即座に善い行為や行動に結び付いたりすることを求めるものでもありません。「道徳性」は、長期的な視点で、徐々に、着実に育んでいくものなのです。

3 学校教育では、道徳性を4つの様相でとらえる

「道徳性」は、学校教育では次の4つの様相でとらえることとしています。

○道徳的判断力…それぞれの場面で善悪を判断する能力（〜はよいことだ）
○道徳的心情…善を行うことを喜び、悪を憎む感情（〜できるといいな）
○道徳的実践意欲…道徳的価値を実現しようとする意志の働き（〜していこう）
○道徳的態度…具体的な道徳的行為への身構え（いつでも〜していこう）

この4つの様相には、特に序列や段階はありません。

なお、「道徳的態度」については、一般的な「態度」の意味合いとは異なる点に注意が必要です。「道徳的態度」は、行為に表れる前の身構え（内面）です。例えるならば、「いつでもどこでも親切にしよう！」「今日考えたことはこんな場面で具体的に生かしていこう！」と高まっている内面の状態を指します。

4 道徳科の「主題」と「ねらい」って何だろう

1 どんな道徳性を育みたいのかでねらいが決まる
2 「主題名」で道徳科の指導の方向性が決まる
3 「主題名」にどれだけ思いや
願いが込められているか?

1 どんな道徳性を育みたいのかを端的に表したものが「ねらい」

道徳科の「主題」とは、指導を行うに当たって、何をねらいとし、どのように教材を活用するかを構想する指導のまとまりを示すものであり、「ねらい」とそれを達成するために活用する「教材」によって構成されるものです。

> 主題 ＝ ねらい ＋ 教材

まず、道徳科の「ねらい」とはどのようなものなのでしょうか。それは、道徳科の内容項目を基に、ねらいとする道徳的価値や道徳性の様相を端的に表したものといえます。

「内容項目」については、次頁以降で詳しく触れますが、例えば、内容項目の1つに「親切、思いやり」があります。この内容項目を小学校3・4年生で扱う際には、「相手のことを思いやり、進んで親切にすること」について指導することとされています。これを基に「ねらい」を設定していくのです。

内容項目の次に検討するのは、「道徳性の様相」です。前頁でも触れましたが、道徳性は、「道徳的判断力」「道徳的心情」「道徳的実践意欲」「道徳的態度」の4つの様相でとらえられます。毎回の授業では、この様相のうち、どれを育もうとするのかを明確にすることが一般的です。例えば、「親切、思いやり」についての授業では「道徳的態度を育みたい」と焦点化した場合、下のような「ねらい」を設定することが考えられます。

【ねらい】相手のことを思いやり、進んで親切にしようとする 態度 を育てる。
〈内容項目を基にしたねらいとする道徳的価値〉 ＋ 育みたい道徳性の様相

2 授業の内容を概観できるように表したものが「主題名」

　では、「ねらい」と「教材」を基に、どのように「主題名」を決めたらよいのでしょう。小学校中学年の「親切、思いやり」の授業で用いられる教材「心と心のあく手」（「私たちの道徳」小学校3・4年　文部科学省）を活用する場合を例に見てみましょう。

> 【「心と心のあく手」概要】
> 「ぼく」は、少し足の不自由なおばあさんが一人で重い荷物を持って歩いているのを見る。「荷物を持ちます」と声を掛けたが、断られた。帰宅して母にそれを話すと、その方は病気のリハビリのために歩く練習をしているとのことだ。数日後、再度その人と会った「ぼく」は、今度は声を掛けずに見守った。

　この授業の主題名について、例えば、次の2つのようなものが考えられます。

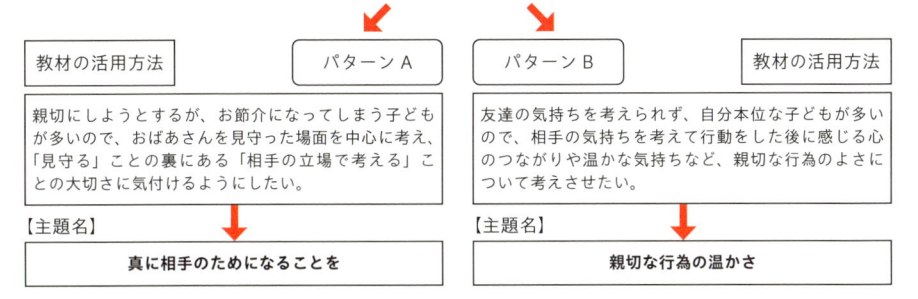

> 【ねらい】相手のことを思いやり、進んで親切にしようとする態度を育てる。

| 教材の活用方法 | パターンA | パターンB | 教材の活用方法 |

親切にしようとするが、お節介になってしまう子どもが多いので、おばあさんを見守った場面を中心に考え、「見守る」ことの裏にある「相手の立場で考える」ことの大切さに気付けるようにしたい。

友達の気持ちを考えられず、自分本位な子どもが多いので、相手の気持ちを考えて行動をした後に感じる心のつながりや温かな気持ちなど、親切な行為のよさについて考えさせたい。

【主題名】
真に相手のためになることを

【主題名】
親切な行為の温かさ

　このように、「ねらい」と「教材」の活用方法を基に、授業の内容が概観できるように端的に表現したものが「主題名」です。主題名がよく練られていれば、それに沿ったブレのない授業を展開することができます。主題名で道徳科授業展開が決まるといっても過言ではありません。なお、「主題名」は、他の教科等の「単元名」等とは違い、常に板書したり子どもに示したりするものとも限りません。あくまで教師の指導の拠りどころとするためのものです。

3 「主題名」に教師の思いや願いを込める!

　主題名は、教科書の指導書等に例示されています。しかし、目の前の子どもに考えさせたいことを基に教材の活用方法を吟味し、教師の思いや願いを込めて主題名を決めることが、明確な意図をもった道徳科の授業につながるのです。

5 道徳科で考える内容や 道徳的価値について知ろう

1 「よりよく生きるために必要なもの」を
わかりやすくグルーピング
2 「内容項目」は4つの視点に分けられる
3 「内容項目」は教師が子どもと共に
考える生き方の課題

1 「道徳的価値」をグルーピングしたものが「内容項目」

　みなさんは、登校時から下校時まで、どのような指導をしていますか。実は、日々の一つ一つの指導の中に、「道徳的価値」（よりよく生きるために必要とされるもの、人間としての在り方や生き方の礎となるもの）が含まれています。例えば、朝の指導だけを取り出しても、これだけの道徳的価値が含まれます。

【朝に指導すること】	【含まれている「道徳的価値」の例】
安全に登校しよう	…「規則を守ること」「公共の場でのマナー」
挨拶を進んでしよう	…「礼儀の大切さ」「時と場に応じた適切な言動」
朝の支度をきちんとしよう	…「整理整頓をすること」「望ましい生活習慣」

　こうした数多くの「道徳的価値」を発達の段階ごとに精選してグルーピングしたものが、道徳科で扱う「内容」なのです。その「内容」は、小学校低学年では19、中学年では20、高学年・中学校では22の「内容項目」として整理されています。例えば、上記の「整理整頓をすること」「望ましい生活習慣」は、「節度、節制」という内容項目に分類されます。道徳科は、この「内容項目」を、一般的には1単位時間に1つずつ扱い、子ども自身が各教育活動で学んだ「道徳的価値」に改めて向き合い、心の中に内面化していくための時間なのです。

　ここで気を付けたいことは、「内容項目」に付けられたキーワード（「節度、節制」等）が「道徳的価値」であるという訳ではないということです。「内容項目」と「道徳的価値」の関係を枝豆に例えてみると、次のようになります。

A 【節度、節制】 小学校第1学年及び第2学年

健康や安全に気を付け、物や金銭を大切にし、身の回りを整え、わがままをしないで、規則正しい生活をすること。

枝豆
内容項目

節度・節制

内容項目のキーワード

健康や安全に気を付ける ・ 物・金銭を大切に ・ 身の回りを整える ・ わがままをしない ・ 規則正しい生活

〈一粒一粒の豆〉
道徳的価値

このように、「内容項目」の中に複数の「道徳的価値」が含まれているのです。

2 「内容項目」の4つの視点

「内容項目」は、さらにA〜Dの4つの視点から分類整理されています。以下は、小学校の内容項目の分類です。詳しくは次頁以降で説明していきます。

A　主として自分自身に関すること
○善悪の判断、自律、自由と責任
○正直、誠実　　○節度、節制
○個性の伸長
○希望と勇気、努力と強い意志
○真理の探究（高学年のみ）

B　主として人との関わりに関すること
○親切、思いやり　○感謝
○礼儀　　○友情、信頼
○相互理解、寛容（中・高学年のみ）

**C　主として集団や社会との関わりに
　　関すること**
○規則の尊重
○公正、公平、社会正義
○勤労、公共の精神
○家族愛、家庭生活の充実
○よりよい学校生活、集団生活の充実
○伝統と文化の尊重、国や郷土を愛する態度
○国際理解、国際親善

**D　主として生命や自然、崇高なもの
　　との関わりに関すること**
○生命の尊さ
○自然愛護
○感動、畏敬の念
○よりよく生きる喜び（高学年のみ）

3 「内容項目」は、教師と子どもの共通の課題

解説では、「内容項目」は、「教師と児童が人間としてのよりよい生き方を求め、共に考え、共に語り合い、その実行に努めるための共通の課題である」と説明されています。道徳科では、教師も子どもと同じ一人の人間として、子どもと共に自らの生き方を追求していく姿勢が大切なのです。

6 内容項目「A　主として 自分自身に関すること」とは?

1 Aの視点に含まれる内容では 「自己の在り方」を考える
2 Aの視点に含まれる内容で学ぶこと
3 自己反省ばかりにならないように展開する

1 Aの視点に含まれる内容ってどんな項目?

　内容項目のAの視点では、「主として自分自身の内面的な要素に関連の深い道徳的価値」を含む内容がまとめられています。道徳科では道徳教育と同様に、よりよく生きるための基盤となる道徳性を養うことを目指して学習を進めていきます。言い換えると、道徳科の学習すべてにおいて、子どもは「自分はどう在るべきか」「自分はどう生きるべきか」ということを考えていきますが、Aの視点では、自己の在り方を自分自身との関わりから考えていきます。

　自分自身との関わりから考えていくとはどういうことでしょう?　簡単に言うと、軸のしっかりとした自分になっていくことを目指して、今の自分を見つめ、自分に問いかけていくということではないでしょうか。「軸のしっかりした自分」とは、よりよい自己の実現に向かって、自分自身を認め、自らを律し、自信をもって正しいと判断したことを行いながら生きていこうとする自分のことです。安易に周りに流されることなく、自分自身が信じることに向かって、自らを律しながら少しずつでもよりよい自己の実現に向かって歩んでいく。そういう自分になるために、道徳科の学習でどんなことを考え、どんなことを議論し合えばよいのか考えながら、授業をつくっていきましょう。

2 Aの視点に含まれる内容で子どもが学ぶこと

　Aの視点は、「善悪の判断、自律、自由と責任」「正直、誠実」「節度、節制」「個性の伸長」「希望と勇気、努力と強い意志」「真理の探究」の6項目から成ります。子どもの発達の段階に即して「真理の探究」は高学年からの項目となります。

　Aの視点では、まず、自分で正しいかどうかをよく考え判断することを重視しており、誠実な心も、それが正しいと判断した自分自身に対する誠実ということをより強く意識して考えていくようにします。自らに誠実に生きることも、節度を守り生活することも、より高い目標に向かって努力することも、真理の探究に打ち込むことも、すべて自分でそれが正しいことなのかよく考えて判断して動くことがベースとなって実現すると考えられています。

　このように常に自己を見つめ、自分で考え判断し行動していくことで、自分らしさが見えるようになり、個性伸長の意識が高まっていくと考えると、各内容項目が関連していることが見えてきます。

　発達の段階に即した展開には、以下のような特徴が挙げられます。

・低学年…他律性の強い時期のため、道徳的価値のよさをみんなで確認する。

・中学年…一人一人の自我が育ってくるため、自分の考えや行動をより自覚しながら考える。

・高学年…自己をより多面的に見ることができるようになってくるため、自分のよさだけでなく、弱さや課題も自覚しながら考える。

3 Aの視点に含まれる内容の授業で心掛けたいこと

　Aの視点の内容は、善悪の判断や正直、節度・節制など、大人でも自信をもって「充分できている」とは言いづらい項目ばかりかもしれません。子どもならば、なおさら普段のできていない自分に気付き、反省を述べることが多くなってしまいがちかもしれません。反省することが悪いわけではありませんが、私たちは教師として、子どもがこれからの自己の生き方に希望をもてるような学習を展開することを大事にしたいものです。できていないことだけを意識させるのではなく、正直に行動できたことや目標をもって努力を続けられたことなど、できた自分を思い出すような問いかけこそ大切にしていきましょう。

7 内容項目「B　主として人との関わりに関すること」とは？

1 Bの視点に含まれる内容では「人との関わりに関すること」を考える
2 Bの視点に含まれる内容で学ぶこと
3 よりよい人間関係を築く力を育てる

1 Bの視点に含まれる内容ってどんな項目？

　内容項目のBの視点は主として「人との関わりに関すること」をまとめたグループです。「人」と言っても、自分と一対一の関係にある場合の「人」を指す場合が多く、解説では「相手」という言葉を用いて説明していることが特徴です。Bの視点は、自分と直接的に関わりのある「人」との関係を視点にして、人間関係づくりを考え

る項目であると言えます。自分と直接的に関わりのある人とは、家族や友達、地域の人など、普段から接している人との関係を中心に考えることが多くなりますが、学年が上がるにつれ、初めて会った人や自分たちの生活を支えてくれている人々など、自分との関係を考える対象は広がっていきます。この次のCの視点でも、家族や地域の人々などが対象となっていますが、このBの視点では、一対一の相手とのよりよい関係づくりを考えていき、Cの視点では、家族も地域も集団の一つの形態と捉え、家族の一員、地域の一員としての自分の集団への関わり方について考えていくという違いがあります。

2 Bの視点に含まれる内容で子どもが学ぶこと

　Bの視点に含まれる内容は、「親切、思いやり」「感謝」「礼儀」「友情、信頼」「相互理解、寛容」の5項目から成ります。「相互理解、寛容」は子どもの発達

の段階に合わせて、3年生以上の項目となっています。

　Bの視点の5つの項目のうち、「親切、思いやり」は人間関係を築く上で求められる基本的姿勢として重視されています。よりよい人間関係はすべて「親切、思いやり」の心をベースに実現されていくという考えです。年齢が上がると、「親切、思いやり」の心が成長して、自分と異なる考えをもつ相手を理解しよう、受け入れようという「相互理解、寛容」の心がもてるようになってきます。「感謝」「礼儀」は、「親切、思いやり」「相互理解、寛容」の心が基となって表れる思いや行為です。また、「友情、信頼」は子どもにとって、友達という存在が、家族以外で最も重要な人間関係の一つであるため、人間関係づくりの中核として位置付け、より主体的に考えを深めていけるようにします。

　発達の段階に即した展開には、以下のような学びの特徴が挙げられます。

　・低学年…身近な人たちとの人間関係を思い出しながら、その温かさを実感することを通して心地よい人間関係のよさを感じる。
　・中学年…身近な人々との人間関係を、自分からよりよくしていこうと積極的に行動することを現実的に考えていく。
　・高学年…より多くの人とよりよい人間関係を築くために、自分のことだけでなく周囲の状況や相手の立場なども考えながら行動することを多様な面から考えていく。

3　Bの視点に含まれる内容の授業で心掛けたいこと

　Bの視点の内容を主題とした授業を考える際、教材の主人公と、主人公が接する相手の両方の思いや考えを問うべきなのか悩むことがあります。Bの視点の5つの項目の共通項として「相手の思いを考えること」があるため、このような悩みが出てくるのだと考えられますが、その答えは「決まっていない」です。主人公だけでなく相手の思いも考えた方が、道徳的価値の理解がより深まると考えた場合は発問を設定すればよく、そうでなければ主人公の思いや行動についてより深く問うことでも大丈夫です。

　大切なのは、子どもの実態や教材の特徴を適切にとらえ、どう考えることが、よりよい人間関係を築く力を育てていくことにつながるのかを判断しながら、授業を進めていくことです。

内容項目「C　主として集団や社会との関わりに関すること」とは?

1 Cの視点に含まれる内容では「主として集団や
　社会との関わりから自己の在り方」を考える
2 Cの視点に含まれる内容で学ぶこと
3 集団の中での協力や行動を考える

1 Cの視点に含まれる内容ってどんな項目?

　内容項目のCの視点は、主として集団や社会との関わりから自己の在り方を考える内容がまとめられています。家族や地域社会、国、世界など、内容項目A、Bの視点よりも広い範囲の人との関係を考える項目になります。またA、Bの視点ではどちらかというと自分を軸にして周りを見ていたものが、

Cの内容では集団の中にいる自分を、集団の一員としての自分という視点で客観的に見るようになります。「集団がよりよくなるために、自分はどうすべきか? どうあるべきか?」という考え方で道徳的価値の理解を深めていく内容項目です。

2 Cの視点に含まれる内容で子どもが学ぶこと

　内容項目のCの視点は、「規則の尊重」「公正、公平、社会正義」「勤労、公共の精神」「家族愛、家庭生活の充実」「よりよい学校生活、集団生活の充実」「伝統と文化の尊重、国や郷土を愛する態度」「国際理解、国際親善」の7項目から成ります。内容項目Cでは、自己の在り方を考えていく集団が「家族」「学校」「地域や国」「世界」の4つに分けられています。この4つの集団は、すべての学年

において対象とされており、「家族愛、家庭生活の充実」「よりよい学校生活、集団生活の充実」「伝統と文化の尊重、国や郷土を愛する態度」「国際理解、国際親善」の4つの内容項目に分けられています。「規則の尊重」「公正、公平、社会正義」「勤労、公共の精神」は、集団への関わり方という視点で、先の4つの項目のどの集団においても考えることができるようになっています。

発達の段階に即した展開には、以下のような学びの特徴が挙げられます。

・低学年…集団を構成する一員として自分を認識することは未熟なため、自分がどうしたいのか、何をするのかという自分軸で考えることが中心。

・中学年…自分も集団を構成する一員であるという意識が強まることで、自分もみんなと同じように集団の役に立ちたいという思いをより強く意識し始める。

・高学年…自分が属する集団が複数あること、集団の継続性など集団をより多面的・多角的にとらえることができ、よりよい集団へとしていくために自分も積極的に関わることについて考えるようになる。

3 「みんなのために」という考えの押さえ方

よりよい集団や社会の実現に関する内容項目のグループなので、「みんなのために」という考えが基盤となるのは当然なのですが、それがどの授業においても同じようにとらえさせたいことそのものになってしまいがちです。例えば、「勤労、公共の精神」の内容項目に関する授業で、低学年でも高学年でも、同様に「みんなのために働くことが大切」という考え方のみをとらえることを求めるのはおかしいですよね。

「みんなのために」という考えの学年ごとの違いを把握するには、各内容項目を発達の段階ごとに縦に見てみましょう。そうすると、各学年の特徴が見えてきます。例えば、子どもの集団に対する見方は下のように変わっていくことがわかります。

低学年：集団への愛着や親しみをもつ
中学年：集団をよりよくするために、集団の中の人々と協力して行動する
高学年：各集団の歴史や未来も考えることで、集団自体や集団を構成する人々を尊重し、自分も集団の発展のために行動する

このように、学年の特徴の違いをとらえたうえで、その授業で深めたい内容を押さえていくようにしましょう。

9 内容項目「D　主として生命や自然、崇高なものとの関わりに関すること」とは?

1 Dの視点に含まれる内容では「世界と自己との関係」を考える
2 Dの視点に含まれる内容で学ぶこと
3 「わかっていたつもり」を問い直す

1 Dの視点に含まれる内容ってどんな項目?

　内容項目の視点は、AからDへと自己を中心として関係する世界が徐々に広がっていきます。その中でDの視点の内容は、最も広い世界と自己との関係から考えていく道徳的価値を含んだ項目です。自己の在り方を生命や自然、美しいもの、気高いもの、崇高なものとの関わりにおいてとらえ、一人の人間としての自覚を深めることに関して考えを深めていくことを目指しています。

　Dの視点にまとめられた項目は、ほかのA、B、Cの視点と比べて、普段の生活において意識することは少ないかもしれませんが、それらが大切であるということは、ほとんどの子どもがわかっていると思っている場合が多いでしょう。しかし、自分では「わかっている」と思っていても、その理解は未熟な部分もあり、「生命があるとはどういうことなのか」「生命はなぜ大切なのか」「自然と共存するとはどういうことなのか」というようなことを問いかけられると、確信をもって答えられないかもしれません。もしかすると、それらの問いは、大人にとっても明確に答えるのは難しいかもしれません。だからこそ、普段は自分から遠くにあるこれらの内容項目について、道徳科の授業でできるだけ身近なものとして感じられるように工夫をしていくことが大切です。

2 Dの視点の内容で子どもはどんなことを学ぶ

　Dの視点は、「生命の尊さ」「自然愛護」「感動、畏敬の念」「よりよく生きる喜び」の4項目から成ります。子どもの発達の段階に即して、「よりよく生きる喜び」は高学年から入れられています。

「生命の尊さ」「自然愛護」「感動、畏敬の念」はそれぞれが重なりをもっているため、関連していることを理解しておくことで、理解をより深められるでしょう。高学年から指導する「よりよく生きる喜び」は、低・中学年では「感動、畏敬の念」により広く内包されています。

　発達の段階に即した展開には、以下のような学びの特徴が挙げられます。

　　・低学年…「命があるから生きている」「身の回りには美しいものがいっぱいある」など、普段の生活において特に意識することがないことを具体的に見つけながら、その素晴らしさを感じる

　　・中学年…生命の尊さや自然の素晴らしさなどに気付き、それらを大切にしていこうという意識をもつ

　　・高学年…自分が生きている意味やこの世界に存在することなど、大きな世界の中の自分を意識しながら、一人の人間としてどう生きていくべきかを広い視野から考える

3 Dの視点に含まれる内容の授業で心掛けたいこと

　Dの視点に含まれる内容の4項目は、「～が大切」という道徳的価値そのものの大切さについて、知識としては理解しているつもりになっている子どもが多いとも考えられます。しかし、その理解は未熟な場合が多く、日常生活では特に意識することはない場合がほとんどでしょう。したがって、授業で「生命は大切」「自然を大事にすることは大切」という言葉だけが子どもから出てくることを目指すと、子どもの学びは十分とは言えません。大切にしたいのは、「なぜ大切なのか」「大切にするとはどういうことなのか」という問いについて、子どもが考えていけるような授業展開にすることです。このように、大切であると考える根拠や大切にする具体的な姿を考え、議論することで「わかったつもりになっている」ことが、「わかったつもりになっていた」と自覚することで、今まで以上に考えを深めていくことができるようになります。

10 低学年の道徳科の授業のポイントは?

1 自分の世界が中心の低学年
2 目指す姿を具体的にとらえる
3 経験から学ぶ授業に

1 見える、感じるものから学ぶ子どもたち

　休み時間の、低学年の子どもたちの様子をのぞいてみましょう。好奇心のおもむくまま、夢中になって力いっぱい遊んでいます。そのときの子どもたちは、周りの様子がどうなっているか、他の人は何をしているのか、というようなことは目に入っていないのではないでしょうか。

　この頃の子どもたちは、自分から見た世界が中心で、いろいろな視点で客観的に物事を見るのは難しい発達の段階です。それでも、遊びの中で友達と関わり、相手の気持ちを考える経験をする、というようなことはあるでしょう。遊具の順番を待つ中で、きまりについて考えるかもしれません。自分が直接見たり、経験したりしたことをまっすぐに受け取って、感じたり考えたりしながら、自分なりに価値を理解していきます。つまり、様々な経験の積み重ねによって子どもたちの価値観や考え方は変化していくのです。

2 具体的な行動とその後の心に注目しよう

　低学年の発達の段階では、子どもたちが学習する道徳的価値について、普段の生活を通して「なんとなく」感じているよさや意味を、自分の生活の具体的な行動と結び付けて理解できるようにしていくことが大切です。また、その行動をした結果、どんなことが起きたり、どんな心になったりするのかにも注目することで、その道徳的価値のよさに気付くことができます。

【正直、誠実】道徳的価値をどうとらえる？
正直にするってどんな姿？

うそをついたり、ごまかしたりしないこと。
〈具体的な行動〉

明るい心で生活することにつながる
〈行動した後の心〉

心のもやもやが消えたぞ！

ごまかさないで謝ろう。

3 授業に「見て」「感じる」しかけを

　まずは、それぞれの子どもたちがそれまでにどんなことを経験し、学習した道徳的価値について、今どんなふうに考えているのかを知ることから始めてみましょう。それをもとに、教材やその内容に関連することがらとの出会いを演出することが低学年の授業づくりの柱になります。

（1）教材提示で世界にひきこむ

　教材を読み聞かせる際に黒板シアターや大型絵本などを用いたり、BGMを使ったりすることで、教材の世界に入り込んだように感じさせます。子どもたちが、登場人物に自分を重ねて考える下地をつくることができます。

（2）なりきることで、本当の考えをひきだす

　役割演技、動作化など登場人物のセリフや動きを実際に行う活動によって、「こうすることが正しい」と頭で考えた意見ではなく、実感を伴った子どもたちの本音が出やすくなります。低学年でも、心からの言葉で話し合うことを通して、道徳的価値を自分の身近な問題として考えていく手助けになります。

（3）学習内容と体験をつなげる

　モルモットと触れ合う体験をした後に、「生命の尊さ」をねらいとした授業をしたときのことです。子どもたちは「温かったよね」「心臓がどきどきしていた」などと、自分の体験を思い出すことで実感をもった発言をしていました。実際に命あるものの温かさや鼓動を感じた体験が、その後に行う道徳科での学習と結び付いてより考えが深まった例です。一人一人の経験に差がある低学年では、意図的に体験の場をつくることも有効です。他教科等や学校行事などの活動とつなげることで、より実感を伴った豊かな学びが生まれます。

11 中学年の道徳科の授業のポイントは?

1 世界が広がる中学年
2 価値の意味をとらえる
3 交流から学ぶ授業に

1 仲間とのつながりを大切にする子どもたち

中学年の子どもたちは行動範囲が広くなり、今までよりも多くの人や物事に関わるようになります。それにより、自分のことが中心だった世界から、友達や周りの人にも意識が向くようになります。特に友達はこの時期の子どもたちにとって最も影響の大きい存在です。

また、さまざまな経験を通して、自分なりにいろいろな道徳的価値を理解することができるようになる時期です。しかし、自分の中の弱さに負けてしまったり、友達との関係の中で自分の思いを貫けなかったりすることもあります。例えば、「きまりは守らなければ」と思っていても、友達に誘われたら断れない、というような場面はあるでしょう。「こうしたい」「こうしなければ」「今よりよくなりたい」という思いはありますが、仲間との結び付きや、自分の弱さとの葛藤に迷うことも増えてくるのです。

2 なぜその道徳的価値が大事なのか、いろいろな立場から考えよう

中学年の発達の段階では、子どもたちが学習する道徳的価値について、いろいろな立場の見方を知り、なぜその道徳的価値が大切なのか、どんな人々の思いや願いが込められているのかも含めて理解していくことが必要です。その深い理解が、正しいと思う行動ができない「自分の弱さ」を乗り越える原動力につながっていくのです。このような視点をもって道徳的価値をとらえてみましょう。

【規則の尊重】道徳的価値をどうとらえる？
きまりってどうして守らないといけないの？
〈自分の弱さ〉

きまりには、他の人のこんな思いがこもっていた。
〈道徳的価値の意味の理解〉

みんなの思いを考えて、きまりを守っていこう。

急いでいるけど、みんなも同じ思いだから順番を守ろう。

3 さまざまな考えや思いにふれる機会を

中学年で授業を行う際は、さまざまな人の立場や考えにふれるための交流が大切です。さまざまな視点を取り入れて話し合ってみましょう。

（1）弱さも肯定する

大事なことがわかっていても、その通りにできない弱さは誰にでもあります。弱さを見つめ、「そういうことってあるよね」と受け入れる教師の姿勢が子どもたちの話し合いを「本音トーク」にします。「できない」という今の自分に向き合うことを通して、「こうなりたいな」という思いを見つけていく話し合いができるのです。

（2）結果よりも、理由や過程に注目する

例えば親切が大事なのは「お礼を言われるから」というのが結果に注目することだとすれば、「相手の気持ちを考えたから」というのは親切なことをするまでの理由や過程に注目しています。その道徳的価値を「なぜ大事にしたほうがよいのか」「行動に表れるまでどんなことを思ったのか」と話し合うことで、どのような選択がよいのかを自分で選ぶことができるようになります。

（3）いろいろな立場の考えに触れる

視野が広がったとはいえ、まだまだ自分や仲間内の考えだけで行動してしまうことも多い中学年だからこそ、相手やみんなの気持ちに気付くために、いろいろな立場や考え方にふれることが必要です。多くの友達と話し合う活動を入れる、教材の中のいろいろな登場人物の立場で考えさせるなど、自分とは違った価値観にふれる機会をさまざまにつくってみましょう。

12 高学年の道徳科の授業のポイントは?

1 理想の自分を見つめ始める高学年
2 自分の生き方とつなげて価値をとらえる
3 これからの自分のために学ぶ授業に

1 葛藤の中で自分の価値観を意識する

高学年の子どもたちは自分を客観的に見る力が育ち、自分なりの思いや価値観をしっかりもつようになっていきます。

視野や関心の幅が広がり、自分の身の回りだけでなく、社会や他の国のことなどにも目が向けられるようになります。それにともなって、自分の生き方や理想の自分について考えることもできるようになります。

周りの目を気にしたり、自信がなかったりして、思ったとおりに行動できないことが多いのも特徴です。道徳科の授業の際も、自分が大事にしていることや、考えを知られることを恥ずかしがって、発言するのをためらったり、建前の発言ばかりになったりすることもあります。

2 社会の一員としての視点で考えよう

高学年の子どもたちは、道徳的価値について、自分は「どうしていくのがよいか」「どうしていきたいか」と自分のこれからの生き方につなげていくことを中心として内容項目をとらえます。中学校の目標の「人間としての生き方についての考えを深める」につながるように、さまざまな見方に触れ、自分自身の価値観を自覚できるようにします。その価値の意味をさらに深く理解した上で、「社会の一員としてどういう行動を選ぶか」「自分自身が納得できる選択か」という視点をもって内容項目をとらえることも大切です。

【公正、公平、社会正義】道徳的価値を
どうとらえる？
正義の実現に必要なことはなんだろう？

➡

差別や偏見、いじめのない社会をつくることがより
よい社会につながる。そんな社会をつくるために、
公正、公平な態度を大切にしよう。
〈社会の一員としての自覚〉
〈自分自身の生き方との関連〉

誰に対しても差別しない自分でありたい。

3 自分の課題を見つけ、なりたい自分とつなげる授業に

　高学年の授業では、学習内容を自分自身の課題として意識すること、社会や将来とのつながりを感じることを大事にすることを心がけてみましょう。

(1) 問題意識をもつ

「相互理解、寛容」をねらいとした学習の際に事前にとったアンケートを右のようなグラフにして導入で提示しました。子どもたちが当たり前だと思っている物事とのずれに気付かせるのが目的です。このような活動から問題意識が生まれ、子どもたちが自分の問題として考えようとする主体的な学びにつながります。

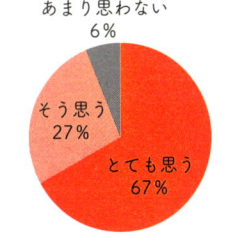

広い心は必要だと思いますか？

あまり思わない 6%
そう思う 27%
とても思う 67%

(2) 社会や将来とつなげて考える

　ゲストティーチャーの活用や、他教科等の学習と関連付けて学ぶことは、具体的に社会の中でどのように価値を生かしていくのか自分の将来とつなげて考える際に役立つ手立てです。

(3) ICT端末も有効活用する

　周囲のことが気になり、自分の本音やネガティブな意見はなかなか発信しづらくなる高学年の子どもたちには、表現の一つとしてICT端末を使うことも有効です。ICT端末で考えを発信したり、友達の考えを知ったりすることで、話し合いへの参加の意欲が高まったり、より深い気持ちを表現したりすることにつながることもあります。

学習指導要領解説
特別の教科　道徳編を覗いてみよう

　文部科学省では、北は北海道から南は沖縄県まで全国のどの地域で教育を受けても、一定の水準の教育を受けられるようにするために、各学校で教育課程（カリキュラム）を編成する際の基準を定めています。これを「学習指導要領」といいます。この学習指導要領は、全教育活動に関わるような総則、国語や社会などの各教科、特別の教科である道徳や総合的な学習の時間、特別活動など章ごとに分けられており、特に第3章の特別の教科　道徳（道徳科）について詳しく解説しているのが、別冊の『小学校学習指導要領（平成29年告示）解説　特別の教科　道徳編』（以下、「解説」）なのです。

　それでは、早速覗いてみることにしましょう。ここには授業で指導するに当たって必ず押さえておきたい道徳科の目標をはじめ、指導する内容、指導のための年間指導計画や学習指導案の作成の仕方、指導方法の工夫例や配慮すべきこと、道徳科の教材の開発や活用、指導と一体的にとらえる評価などについて詳しく説明されています。道徳科の授業を行うに当たって何かわからないことがあれば、まずはこの「解説」に目を通すことをお勧めします。

　特にこの第1章に出てきた道徳科の専門用語を5つ挙げます。

道徳性　　　主題　　　ねらい　　　内容項目　　　道徳的価値

　いかがでしょうか。これらの言葉の意味がわかれば、この第1章は合格です。今一つ自信がもてないようでしたら、「解説」と本書を合わせて確かめてみてください。基本がしっかり身に付いてくると、自分なりに道徳科の指導を工夫することが楽しくなってきます。それが本来の教師の学びであり、やりがいにつながる楽しさだと思います。

第 2 章

道徳の授業準備

1 道徳科の授業準備、何が必要?

1 授業を構想するための準備
　・内容項目・子どもの実態把握・教材の活用
2 授業を円滑に行うための準備
　・黒板・ICT端末・場面絵・ワークシート等

　道徳科の授業準備は、授業を構想するための準備と、授業を円滑に行うための準備に分けることができます。

1 何を考える授業を行うのか

　まず、授業を行う前の準備として確認することは、どの内容項目を手掛かりとし、どの教材を活用して授業を行うのかということです。道徳科の授業で活用する教材や内容は、教師の思いつきで決めるものではありません。各学校には、学年ごとに道徳科の年間指導計画が作成されています。例えば、第4学年の6月の第2週は、内容項目の「規則の尊重」を手掛かりとし、教材「雨のバスていりゅう所で」を活用して授業を行うというように、その時期に行う授業の内容や教材が決められているのです。

　年間指導計画で内容項目と教材を確認したら、次は、解説を用いて、指導するその内容項目の内容を、発達の段階(小学校低学年→中学年→高学年)に即して教師が理解します。例えば「親切、思いやり」であれば、低学年では「身近にいる人」、中学年では「進んで」、高学年では「誰に対しても」などがキーワードとして挙げられるので、こうした内容を意図して指導することが、授業を受ける子どもたちに即した授業になるのです。

　指導する内容が確認できたら、その内容項目に含まれる道徳的価値について目の前の子どもたちの実態を把握します。日常生活での子どもたちの様子を想起したり、改めて子どもたちの実態を把握するために、事前にアンケートを取ったりしてもよいでしょう。こうして指導する内容と子どもたちの実態を把握

できたら、教材の活用の仕方を考えます。まずは子どもたちの実態を想起しながら教材を一度読んでみましょう。子どもたちの実態に即した問題点を話し合うためには、教材に出てくるどの登場人物に子どもたちが自分を重ねて考えていけばよいのかを決めます。一般的には、一人に絞った方が自分の心の変容などもとらえやすくなります。次に教材のどの場面を取り上げて話し合えばよいのかを決め、その場面で実際にどのような言葉で発問をするのかを考えます。このように準備をしていくと、授業の骨格ができ上がります。

2 授業をどのように進めていくのか

　道徳科の授業では教材を活用して授業を行うことから、その内容を理解できるようにすることが大切です。そこで、教材に描かれている状況がわかるような場面の絵なども用意して提示できると、子どもたちもその状況に自分をおいて考えやすくなります。また、道徳科の授業では子どもたちの心を扱います。一人一人の気持ちや考え、価値観などをとらえるのは容易なことではありません。そのような中で、子どもたちが多様な価値観に触れたり、道徳的価値のよさや大切さに気付いたりできるようにすることが重要です。そのためにも、黒板やICT端末などの活用が考えられます。黒板を使って子どもたちの思考を整理するために、チョークの色を使い分けることも有効です。ICT端末を活用し、教師用の大型ディスプレイでデータや画像などを表示するとわかりやすくなります。今日では一人一台端末が活用できるので、ICT端末の機能を生かして子どもたちの心を可視化することができます。さらに、子どもたちが自分自身をしっかりと見つめられるように、発達の段階に応じてワークシートなどに書く活動を取り入れることも有効です。

　さて、ここまで道徳科の授業準備として、授業構想の準備と、授業を円滑に行うための準備に分けて考えました。授業構想のための準備のポイントは3つ、「内容項目の理解」「子どもの実態把握」「教材の活用」になります。この準備が教師の指導を明確なものにしていきます。授業を円滑に行うための準備のポイントは、限られた時間の中で子どもたちが主体的に活動できる時間を確保するために、教師の指示のわかりやすさや時間の短縮等につながるものを準備できるとよいでしょう。

2 道徳科の教科書のつくりを知ろう

1 巻頭ページを道徳開きに活用しよう
2 教材の配列の意図を知ろう
3 デジタルコンテンツを役立てよう

1 道徳開きで道徳との出会いを演出する

　教科書を開いてみましょう。巻頭に何が書かれていますか。心にじわっとくる巻頭詩なら、声に出して読んでみて、これから始まる道徳への心構えをもたせるのもよいでしょう。目次であったなら、教材名から興味をもたせて1年間の道徳の学習の見通しをもてるようにしましょう。教科書によって違いはありますが、子どもたちが道徳と出会う最初のページです。大切にしたいですね。

　さらに、教科書によっては、道徳の授業で学ぶ内容（低学年19、中学年20、高学年22の内容項目）や、学び方の例（1単位時間の流れや話し合い活動、思考ツール、ICTの活用）を解説したページもあります。1単位時間の道徳科の授業で、自分がどんな心について学ぶのか、また、学び方にはどんな手法があるのかということを知ることは、子どもたちの主体的な学びを促し、道徳の学習への期待を高めます。また、指導者である教師にとっても、授業計画の見通しをもつことができます。

　1年間のスタートを切る道徳開きでは、わくわく感をもたせるようなオリエンテーションを演出してみましょう。

2 教材の配列を知って効果的に指導する

　教科書によって、使われている教材や内容項目の指導時期はさまざまです。しかし、どの教科書も、現代的な課題を重点的に取り扱っていることは共通しています。いじめ問題、環境問題、共生社会、情報モラルなどです。これらは、関連する内容項目の教材と組み合わせて、重点的に学習する構成になっています。

例えば、「いじめ問題」では、いじめを直接的に扱った教材で「善悪の判断」を、間接的な教材で「公正、公平、社会正義」「友情、信頼」を考えられるようにし、いじめをしない、許さない心を複数時間で育むようにします。

「いじめ」複数時間扱いの例

・A教材「善悪の判断」
・コラム
・B教材「公正、公平、社会正義」
・C教材「友情、信頼」

　さらに、教材や主題に関連する読み物（コラム）や学習活動の工夫（エンカウンターなど）は、道徳科の授業以外にも活用でき、子どもたちの視野を広げ、さらに充実した学習活動の展開が期待されます。

　また、こうした重点的な内容を、各学年で同時期に指導するよう配列を工夫している教科書もあります。人権週間、いじめ防止月間などに合わせて扱うことも考えられます。

　教科書は配列通りに指導しなければならないということはありません。しかし、教師の思い付きではなく、学校の教育計画に沿って道徳科の年間指導計画を意図的に替えるのです。その際、学年など校内で了解を得ることも大切です。総合的な学習の時間でSDGsについて学ぶ時期に合わせて「自然愛護」の教材を指導するというように、横断的に他教科等との関連や学校行事などを踏まえた見直しをお勧めします。

3　デジタルコンテンツを活用する

　昨今の改訂の大きな開拓は、デジタル教材の活用です。教科書の教材すべてに二次元コードが付いていて、教師が教材提示に利用したり、子どもたちが動画を見たりすることができるようになりました。教材提示では、教材文の朗読音声を聞くことができたり、場面絵をスライドショーとして提示したりできます。ルビや字幕付きといった障害のある子どもや外国籍の子どもなどの特性に合わせて提示の方法が選択でき、教材理解を支援する工夫もされています。教材の内容に沿って、写真や動画、教材文で紹介された人物からのメッセージなどの補足資料も、導入や終末で活用し、指導の効果を高めることができます。今までは、教師が事前に提示資料を集めるなど準備が必要でしたが、その手間が大幅に短縮されました。

　このようなコンテンツをどのように使って子どもたちの心に響かせるかは、私たち教師の腕次第です。効果的に使って教材活用の幅を広げましょう。

3 教科書の指導書も活用してみよう

1 ねらいを確認して押さえる
2 発問の流れを板書例も含めてチェック
3 授業活性化のための指導の工夫
4 学級の実態に合わせた活用を

　教科書の指導書は、多くの場合、児童用の教科書を縮小したものに朱書きの発問等が付け加えられている朱書き編（赤刷り）と、指導の工夫や学習指導案例、評価の視点などが記載された研究編の2冊に分冊されています。朱書き編は授業の流れがイメージしやすく、研究編はより明確な指導観をもつために活用できます。指導書は、授業準備をサポートしてくれるアイテムです。

1 どんな心を育てるか、ねらいを確認

　道徳科の授業でしてしまいがちなのは、道徳的価値を自分との関わりで考えずに、教材の理解に終始してしまうことです。国語科との違いがわからないという人もいますが、道徳科では、教材を通して自分の心を見つめる振り返りが大切です。そのためにも、その時間にどんな心を育てたいのか、指導書でねらいを確認しましょう。

　道徳科では、他教科等のねらい（めあて）に当たる部分は、主題名、内容項目、ねらいと3本立てになっています。主題名とは、その授業のねらいと教材で構成される主題を、短い言葉で示したものです。内容項目は、学習指導要領にも示されている道徳の指導内容を表すキーワードです。

　そして、教材を通して、どのような道徳性を身に付けるのかを明確にしたものが本時のねらいです。指導書には、一般的なねらいが示されています。時間があれば、研究編の「主題設定の理由」に目を通してみましょう。

2 学習指導過程の例や板書例から発問の流れを確認

　授業の柱となる発問の組み立ては、学習指導過程や板書例でチェックしましょう。学習指導過程（1単位時間の授業の流れ）には、基本となる発問の他、予想される反応の例や発問の意図が示されています。発問の意図を理解することは、子どもたちの多様な発言をどのように整理し、次の発問につなげていくかのヒントとなります。板書例は、発問の流れや発言の整理の仕方が視覚的にイメージできます。

　また、予想される発言の例をもとに、自分の学級の子どもたちの実態を考えて、自分なりの予想される発言例を書き出してみるのもいいでしょう。指導書のような子どもの声が出てこないなと感じたり、もっと深めたいと思ったりしたら、問い返しなどの補助的な発問を用意しておくなど、指導書に示されている例を参考にすると子どもたちの実態に合わせた指導の工夫が見えてくるかもしれません。

3 授業を活性化させる指導の工夫を学ぶ

　指導書には、ねらいを深め、授業を活性化するための指導の工夫が紹介されています。教材提示の工夫、発問の工夫、話し合い活動や表現方法の工夫、書く活動の工夫、板書の工夫、導入や終末の工夫など、指導を充実するポイントが示されています。それらを検討するうちに「事前にアンケートをとり、導入で紹介することで、自分事として考えやすくなるな」「中心的な発問では、役割演技を取り入れるといろいろな考えが出てきそうだ」「終末は教師の説話もいいが、音楽を流して余韻をもって終わるのもいいな」などの新しい発見が生まれてくるはずです。

　工夫には教師の個性も表れます。指導の意図に基づいた、さまざまな指導方法の工夫を取り入れて、自分のものにしていくことで、指導が幅広く充実したものになります。

4 子どもたちの実態をエッセンスに

　指導書を読んで、その通りに授業をしてみるだけでは、学級の子どもたちの姿に寄り添ったものにはなりません。大事なことは、指導書を鵜呑みにするのではなく、自分の学級の子どもたちの姿を思い浮かべ、その実態に合ったねらいを立て、授業を構想しようとする教師の姿勢です。

4 教材にはどんな種類があるのか知ろう

1 教科書の読み物教材に見られる種類
2 教材の特質をとらえる
3 映像、写真、絵など視覚的な教材

1 読み物教材には、どんな種類があるのだろう

　道徳が教科化されたことにより、今では、どの学校でも子ども一人につき一冊ずつ教科書が配布され、活用されています。掲載されている教材は、発達の段階に合わせて読める文量や内容になっています。読書の時間に読んでいる子どももいるなど、子どもたちは道徳の教科書が大好きです。教科書の他にも、自治体などが発行している地域教材集を使ったり、「わたしたちの道徳」（文部科学省）をダウンロードしたりして使うこともできます。

　教科書には、さまざまな内容や形式の読み物が掲載されています。例を挙げてみましょう。

- ・物語（絵本や文学、寓話、童話など）
- ・生活文（子どもにとって身近な生活の出来事）
- ・日記や作文、手紙
- ・人物伝、ドキュメンタリー
- ・詩
- ・ニュースや新聞記事などの時事問題
- ・知見を深める教材（「ふろしき」「おせち料理」など）

　物語や生活文などは、登場人物の心情や判断を追い、自分自身と重ねることで、ねらいとする道徳的価値を深めることができます。知見を深める教材は、今まで知らなかったことを知り、どう感じたのか話し合うことで、ねらいとする道徳的価値への理解を深めることができます。

自分の経験や子どもたちの様子をもとに作った自作教材に挑戦してみるのもよいでしょう。

2　読み物教材を分類して、その特質をとらえよう

　まずは、教材が、実話（ノンフィクション）なのか、創作（フィクション）なのかです。実話の教材では、内容に関連する資料を集めて提示するなどの工夫ができます。創作教材では紙芝居やBGMなどを活用し、お話の世界観に子どもたちを浸らせるなど、特質に合わせた教材提示を工夫してみましょう。

　また、道徳では、子どもの生活や意識に「近い教材」「遠い教材」という言い方で教材を分類することもあります。生活文や日記、手紙などは「近い教材」、偉人伝や童話などの物語は「遠い教材」にあたります。「ブラッドレーの請求書」というお話があります。主人公が外国の子どもであることから「遠い教材」とされ、主人公を日本の男の子に書き直した「お母さんの請求書」は「近い教材」といえます。「遠い教材」では登場人物を客観視することで、その生き方や行為を批判的にとらえたり感銘を受けたりするのに対し、「近い教材」では、より身近で自分事としてとらえやすくなります。どちらにも利点があり、子どもたちの実態に合わせた活用を考えるとよいでしょう。

3　視覚的な教材で、話し合いを深めよう

　読み物のような文章による教材の他に、絵や写真のみの教材もあります。1年生の導入時期には、一枚絵から発見したことを話し合う道徳科の授業を展開します。「感動、畏敬の念」の授業では、美しい自然の写真から心を動かされたことを発表するなど、視覚的な教材を使って多様な考えを共有し、ねらいとする道徳的価値への思いを深めたり広げたりできます。

　教科書には、今まで文章だったお話を漫画のようにコマ割りにして、絵と吹き出しで読みやすく興味を引くように書き直したものも増えてきました。

　また、映像の活用も道徳科の授業の幅を広げます。NHK for schoolには道徳の学習用につくられた番組がいくつもあります。その他にも、「プロジェクトX」などのドキュメンタリー番組も教材としての活用ができそうです。ただし、すべて視聴するのではなく、時間配分を考えて提示し、話し合いの時間を確保する工夫が必要です。

5 教材研究(教材の吟味)の方法を知ろう

1 教材を声に出して読んでみる
2 教材の吟味や分析から発問を考える
3 原作や関連本をチェックしよう

1 教材を魅力的に伝える読み方

　道徳の教材は、けっして難しいものではありません。しかし、しっかり読み込まないと、見過ごしてしまう大切な言葉や意図が隠されているものもあります。まずは、どんな簡単な文章でも、繰り返し声に出して読んでみましょう。
「国語の範読とは違うから、あまり感情を入れて読まないほうがよい。」
と言う先生もいます。それも一つの考えですが、私は子どもと教材との出会いである教師の読み聞かせによる教材提示を大事にしたいと考えているので、できるだけ心を込めて演出するようにします。登場人物によって声色を変えたり、考えさせたい部分では間をとったり、声の明るさや強弱、スピードなども考え、お話を魅力的に伝える工夫をします。

　繰り返し読むことで、教師の教材への愛着が生まれます。教材を好きになることは、教材研究の第一歩です。

2 教材の吟味や分析による発問づくり

　教材の内容とともに、ねらいを確かめましょう。ねらいの達成に向けて、子どもたちにどんなことを考えられるようにするのか、効果的な発問や手立てを工夫するために教材の吟味や分析をします。ここでは一般的な3つの方法を紹介します。

(1) 教材を時系列に吟味・分析する

　最も一般的な方法です。起承転結の場面ごとに、ある特定の登場人物の心情

を追い、その場面ごとに発問を考えていきます。

場面	登場人物の心情	考えられる発問
おおかみがうさぎを追い返す。	意地悪は楽しいな。おれは強いぞ。	おおかみはうさぎたちを追い返しながらどう思っていたか。

　中心的な発問での話し合いが深まるように、発問は精選し、吟味して、3つぐらいに絞りましょう。ねらいがぶれないように意識して発問を練ることが大切にしましょう。

（2）教材の内容を構造的に見て、違いや変化を浮き彫りにする

　主に感動することが中心の教材なのか、葛藤することが中心の教材なのか、など、教材の構造から発問の構成を考えます。感動を生かす教材ならば、「どの場面が一番心に残ったか。」を話し合い、そこから共通する思いや違う感じ方を出し合って、心を打つ行いの尊さを味わうことができます。葛藤を生かす教材ならば、AかBかで迷う登場人物の心情を中心に話し合います。

（3）教材に対して子どもがもちそうな問題意識を描き出す

　例えば、「泣いた赤鬼」では「本当の友情にとって大切なものはなんだろう。」、「手品師」では「誠実に生きるとはどんな生き方なのだろう。」というように、一つの大きなテーマを発問として設定することで、問題解決的な学習とすることができます。高学年くらいになるとこのような学習スタイルで授業を行うこともできます。

3 原作や関連本でさらに深い教材の吟味と分析を

　教科書の教材には、絵本や童話、文学作品などが出典のものがあります。例えば「銀のしょく台」は「ああ、無情」の一節を取り上げています。「金のおの」はイソップ物語が原作です。授業の前に、このような原作を読んでおくのも教材解釈を深めることに役立ちます。「二わのことり」の原作には、誕生日を祝ってくれたみそさざいのために、やまがらがお返しをするという続きがあります。また、内容に関連する本を読んだり、他社に掲載されている同じ教材を比較して読んでみたりすることで、さらに指導のヒントが得られるかもしれません。

6 学校の指導計画を確認してみよう

1 「道徳教育の全体計画」を見る
2 「道徳科の年間指導計画」の役割を知る
3 「別葉」を活用する

1 全体計画って何? まずはここから!

　各学校では、「道徳教育の全体計画」を作成しています。前年度末や年度初めに道徳教育の推進を担当する教師（道徳教育推進教師）が中心となって作成しているので、今一度確認してみましょう。

　全体計画と聞くと、少し硬い印象を受けるでしょう。でも、実はこれが道徳教育を進める大事な基盤になります。全体計画は、学校が一丸となってどのような子どもを育てていきたいのかというグランドデザインなのです。

　道徳教育は、道徳科の授業だけで行うものではありません。子どもの道徳性は、道徳科を要として各教科等や学校行事、また日常生活の中で育まれていくものです。全体計画では校長先生が決める学校の教育目標の具現化のため「目指す子ども像」や「道徳教育をどの教科等や活動などと繋げていくか」を示す必要があるのです。

2 いつ、どの教材を、何時間行うの!? それは各学校に任されている!

　次に、全体計画を踏まえて、「道徳科の年間指導計画」をどのように作成していくのかがポイントとなります。道徳科の年間授業時数は35時間（小学校1年生は34時間）であり、また、小学校低学年で19、中学年で20、高学年で22、中学校では22の内容項目が指定されています。年間授業時数からそれぞれの学年の内容項目の数を引き算した残りの時間数（中学年なら35 − 20 ＝ 15）をどのように配置するかは、各学校に任されているのです。例えば、「やさしくすすんで やりぬく子」を目指す子ども像として設定したとします。そこで、

道徳科の内容項目を見ると、「親切、思いやり」「友情、信頼」や「希望と勇気、努力と強い意志」などが特に関わりのある内容項目であることに気付きます。その内容項目については、1年間で複数時間授業を行うことから、その複数時間を日々の授業や学校行事と関連させながら、一学期に集中させて行ったり、学期ごとに分散して行ったりすることもできます。まずは、道徳科の授業での主題（ねらいと教材により決まるもの）を確認し、配当時間数を工夫したり、いつ行うのか配列の工夫をしたりして、年間指導計画に組み込むようにすると、重点的な指導をより効果的に進めることができます。

3 別葉を活用して、各教科等や行事を道徳の指導とリンクさせよう

　別葉は、学校の教育活動全体を通して道徳教育を進めていく上で必要となる計画です。道徳科の内容項目や授業と教育活動との関連を明らかにしたものです。決まった形式がないので、各学校で工夫して作成することができます。以下の表は、その関連を示した一例です。

各教科等との関連を一覧にした「別葉」の例

3年生	4月	5月	6月
国語	・漢字学習ノート ・じこしょうかいビンゴゲーム ・かえるのぴょん ・白い花びら	・発見カード ・国語辞典のつかい方 ・わたしのたからもの ・うめぼしのはたらき	・めだか ・本をさがそう ・クラスの生き物ブック
社会	・地図帳の使い方 ・わたしたちのまち	・学校のまわりの様子 ・船橋市の様子	・船橋市の様子
算数	・算数のとびら ・九九の表とかけ算	・わり算　・見方・考え方を深めよう ・たし算とひき算の筆算	・時こくと時間　・一万をこえる数 ・表とグラフ
理科	・春の生き物　・たねまき	・ちょうのかんさつ	・どれぐらいそだったかな ・風やゴムのはたらき
音楽	・音楽スキルアップ　・春の小川	・楽ふとドレミ	・茶つみ　・こんにちはリコーダー
図工	・けずってつけてわたしたちの形	・絵の具と水のハーモニー	・夢アート展に向けて
体育	・体ほぐしの運動	・運動会の練習　・マット運動	・マット運動　・キックベース
外国語活動	・Hello! あいさつ	・How are you? ごきげんいかが?	・How many? 数えてあそぼう
総合的な学習の時間	・魅力発見！フナバシル	・魅力発見！フナバシル	・ローマ字
道徳	1「あいさつをすると」 2「ヌチヌグスージ（いのちのまつり）」 3「ふっかちゃんの町じまん」	4「ツバメの赤ちゃん」 5「ゆうすけの朝」 6「ぬれた本——リンカーン」	7「みんなの学校なのに」 8「いいち、にいっ、いいち、にいっ」 9「SL公園で」 10「一さつのおくりもの」
特別活動	始業式　入学式　1年生を迎える会 係を決めよう	運動会　峰っ子タイム 学区探検　三番瀬見学	峰っ子タイム

　学校の「全体計画」「年間指導計画」「別葉」はそれぞれ特徴があり、学校全体で道徳教育を進めるための大事なものです。これを理解して効果的に活用することで、各教育活動と道徳授業を効果的につなげていくことができます。

7 道徳科の学習指導案は各教科等とどう違う?

1 道徳科は「単元」ではなく「主題」を設定する
2 他教科等と何が違う?　道徳科の学習指導案
3 子どもの活動や発言を軸に「展開」する

1 まずは「主題」と「主題設定の理由」を設定

　道徳科と各教科等の学習指導案の違いについて考えてみましょう。例えば、研究授業や研修等で各教科等の学習指導案をつくる場合、まずはどの単元で授業を行うか考えます。例えば、3年生の算数科なら「単元名　わり算の筆算」の中の「かけ算のきまり」の授業にしようと決めます。では、道徳科ではどうでしょうか。道徳科では単元という学習のまとまりはありません。道徳科では、「内容項目」と「教材」を基に、「主題」を設定します。

　次に、各教科等においては、単元（教材）設定の理由や単元目標、またその内容について明記します。一方、道徳科では「主題設定の理由」を示します。具体的には、ねらいとする価値について、子どもの実態について、教材の活用について等です。また、各教科等は単元という一つのまとまりでとらえられるため、指導と評価の計画を記述しますが、道徳科は1単位時間で指導することが多いため、単元としての指導計画は立てません。

2 道徳と他教科等の学習指導案の違いは

　道徳科の学習指導案は、各教科等と共通する面もありますが、違いもさまざまに見られます。今までに作成したことのある他教科等の学習指導案を頭に思い浮かべながら、道徳科の学習指導案との主な違いについて整理してみましょう。

道徳科と各教科等の学習指導案の主な違い

	道徳科	各教科
ねらい・目標	本時のねらい	単元の目標・各時のねらい
学習のまとまり	ねらいと教材で構成する主題を設定する	単元を設定する
指導時間	主に単位1時間につき1主題	複数時間での指導が多い大単元や小単元がある
本時の展開	教師の発問と活動、予想される子どもの発言を中心に示すことが多い	学習活動に沿って、指導・支援の意図、指導方法の工夫等について具体的に書く
評価	個別の記述による評価が中心	評価規準に基づく観点別評価

3 「学習指導過程」は子どもの活動や発言を軸に、評価は認め励ます個人内評価で

　次に、本時の学習指導過程についてです。各教科等では「めあて」を確認し、学習課題を解決する活動があり、最後に「まとめ」といった流れがあります。学習指導案には、その学習活動を工夫して書き表します。道徳科の「学習指導過程」では、一般的に、「導入」「展開」「終末」の段階に分けて、子どもの活動と発問、そして子どもの予想される発言等を軸にして書き表します。

　最後に、評価についてです。各教科等は評価規準に基づく観点別評価ですが、道徳科で養われた子どもの心や成長は数値で測ることはできませんし、その授業だけで育まれるものではありません。では、どのように評価していけばよいのでしょう。道徳科では、道徳的諸価値の理解に基づいて、多面的・多角的な見方をしたり、自分自身との関わりで考えたり、自己の生き方についての考えを深めたりする姿、学習状況を見取って評価していきます。一人一人の子どもがいかに成長したのかを受け止めて認め、励ます個人内評価として行っていきます。評価については第5章で改めて詳しく説明します。

　このように道徳科は、各教科等とは学習指導案の作成の方法が異なる点が多いですが、子どもたちの心の成長を促すための大切な役割を果たします。ぜひ周りの先生方と相談しながら、学級の子どもたちのための効果的な学習指導案を作成してみましょう。

8 学習指導案はどうやってつくればいい?

1 道徳科の学習指導案は5つのポイントを押さえる
2 学習指導案の全体のレイアウトをつかむ
3 まずは教材研究と価値理解を行う

1 道徳科の学習指導案を書く5つの押さえどころ

学習指導案の作成に当たっては、次のそれぞれを押さえるようにします。

【主題名】

主題名は年間指導計画にそって決められています。教材とねらいによって構成されたその学習テーマを生かして、学習指導案に示すようにします。

【ねらいと教材】

年間指導計画を踏まえて、より具体的に検討してねらいを記述します。また、授業で活用する中心的な教材について明記します。

【主題設定の理由】

主題設定の理由を書く際には、次の3点を順次押さえるようにします。

1) ねらいや指導内容についてのとらえ方
2) それに関連する子どものこれまでの学習状況や実態と教師の願い
3) 使用する教材の特質やそれを生かす具体的な活用方法

【学習指導過程】

一般的には、学習指導過程を「導入」「展開」「終末」に区分して、子どもの学習活動、主な発問と予想される発言、指導上の留意点、指導の方法、評価などについて、指導の流れを予想して記述するようにします。

【その他】

他の教育活動との関連、評価の視点、板書計画、他の教師との協力的な指導、保護者や地域の人々との協力などの中で、特に着眼したいことを書きます。

2 学習指導案全体の構成や枠組を押さえよう

　学習指導案は、例えば、A4用紙の横組の2枚（A3サイズ）に構成しようとする場合、下の図のような配置を意識しながら書き上げると見やすくなります。実際の学習指導案に触れてみて、その構成を確かめてみましょう。もちろん、作成する教師の考えや意図によってその示し方が変わることがあります。

学習指導案のレイアウトの目安（例えばA4・2枚の見開きの場合）

第〇学年道徳科学習指導案	5　学習指導過程

第〇学年道徳科学習指導案

　　　　　　　　〇日時／場所
　　　　　　　　〇対象／指導者　など
1　主題名
2　教材名
3　ねらい

4　主題設定の理由
（1）ねらいとする価値について

（2）子どもの実態について

（3）教材の生かし方について

5　学習指導過程

	学習活動（主な発問と発言）	指導上の留意点
導入		
展開		
終末		

6　評価の視点

3 指導案を書く前に大切なのは教材研究と教師の深い価値理解

　ところで、このような、学習指導案のポイントを踏まえて、早速つくってみようとしてもなかなか難しいものです。どの教科等においても、教材研究をしっかり行うことは、道徳科においても同様です。そこで、まずは指導の内容や意図を明らかにするために、ねらいを検討します。次に、指導の重点を明確にし、教材について授業で考えさせたい道徳的価値がどのように含まれているのかについて、教材を吟味します。そして、上記に示したことを押さえながら、学習指導過程を具体的に構想するようにします。

道徳科は「正解がない」のか「答えが一つではない」のか

ある学生が自分が受けた道徳授業を思い起こして言いました。「先生は、みんながあまり発言しなくなると、よく『道徳は正解がないから何を言ってもいいです』と話されていました。しかし、別の先生は同じようなとき、『道徳は全部正解だから、何でも言ってください』と言われていました。」

実際に、「正解がないのに（全部正解なのに）、なぜ勉強するのだろう」などと感じる子どももいるようです。道徳科の授業は、正解がないのか？　全部正解なのか？　いったいどちらなのでしょうか。

もちろん、私たちは、教師の考えや道徳的価値観を正解のように掲げてそこに追い込むような授業は避けなくてはいけません。しかし逆に、「みんな違って、みんないいですね」と言って、発言をただ羅列するだけでは、子どもの学び合いも磨き合いも生まれません。大事なことは、多様な考えを出し合って、議論し合い、子どもが一人一人のかけがえのない、「自分の中の正解」を見つけられるようにしていくことです。道徳科の授業はみんなで合意形成をして一つの結論を導くことは少なく、多くの場合、「答えが一つではない」時間なのです。いわば、子ども一人一人が「自分にとっての正解」「自分ならではの正解」を見つけていく時間であると言えるのです。

最近、よく挙げられる言葉に「納得解」があります。「納得解」とは、文部科学省の報告によれば、「多様な他者と議論を重ねて探究し、自分が納得でき周囲の納得も得られる解」と説明されます。「納得解」が独りよがりにならないようにすることも大切だとわかります。

このように、子どもが自らの大切な考えに根差すからこそ納得できる「納得解」を見つけ出せるような授業を大事にしましょう。むしろ、「答えが一つではない」からこそ、子どもが自分にとっての正解＝「納得解」を意欲的に追求するようになるのです。

第 3 章

道徳の
授業づくり

1 1時間の授業の流れを確認しよう

1 授業の流れを「導入」「展開」「終末」で構成する
2 目標に示された道徳性を養うための学習をたどる
3 授業のどこに時間をかけるのかを決める

1 授業の流れの基本形

　どのような教科等においても、授業を行う前にその流れを考えておくことは必要不可欠なことです。ねらいを達成するために、どのような順序で指導していくのか、こうした授業の流れをつくることを「授業づくり」や「授業構想」と言います。では、道徳科の授業の1単位時間の流れを確認しましょう。

　例えば、文章を書くときには「序論」「本論」「結論」、話の展開には「起承転結」という流れの型があります。いずれも、相手の興味を引きつけたり、わかりやすく伝えられるようにしたりするための基本として大切にされている型です。道徳科の授業にもこのような流れの基本形があり、一般的には「導入」「展開」「終末」という3つの段階に分けて授業を構成することが広く行われています。

【導入】

　授業で活用する教材について子どもたちの興味や関心を高めたり、この授業で学ぶ道徳的価値に関して、子どもたちの日常生活から問題意識をもてるようにしたりするための動機付けを図る段階になります。

【展開】

　授業では、ねらいを達成するために読み物や映像などの教材を活用します。子どもたちが登場する人物などに自分を重ねて考えながら話し合い、友達の発言などを聞きながら自分の気持ちや考えを確かめていきます。「展開」は、このような学習を通してねらいとする道徳的価値のよさや大切さを実感し、自分

自身を見つめ、これからの生活や生き方に生かしていけるようにするための中心的な段階になります。

【終末】

一人一人の子どもたちが授業を通して考えたことや新たに気付いたことなどを心に深くとどめ、これからの生活や生き方に生かしていこうとする意欲を高めるための段階になります。

こうしたそれぞれの段階の役割を意識して授業の流れをつくることが、道徳科の一般的な基本形として定着しています。

> 授業の流れのことを「学習指導過程」と言います
>
> **導入 → 展開 → 終末**

2 道徳科の大切な学び

道徳科の目標は次のように示されています。

> （前略）よりよく生きるための基盤となる道徳性を養うため、道徳的諸価値についての理解を基に、自己を見つめ、物事を多面的・多角的に考え、自己の生き方についての考えを深める学習を通して、道徳的な判断力、心情、実践意欲と態度を育てる。（※下線は筆者）

道徳科の目標は道徳性を養うことであり、その道徳性を「道徳的判断力」「道徳的心情」「道徳的実践意欲」「道徳的態度」という様相でとらえることにしています。その目標を達成するために、下線部のような学習活動が示されているのです。授業の流れをつくるためには「導入」「展開」「終末」という段階でこうした学習を行うことが大切になります。

はじめに「道徳的諸価値についての理解を基に」という言葉の意味ですが、道徳科の授業でねらいとする道徳的価値の意義及び大切さを理解するということになります。そして、道徳的価値はどのように理解するのかと言えば、3つの理解があります。一つ目は「価値理解」と言い、人間としてよりよく生きる上で大切なことであると理解するということです。二つ目は「人間理解」と言い、道徳的価値は大切であってもなかなか実現することができない人間の弱さなども理解するということです。三つ目が「他者理解」と言い、道徳的価値を実現したり、実現できなかったりする場合の感じ方、考え方は一つではない、多様であるということを前提として理解するということです。この3つの理解ができるように、教師は教材を活用しながら子どもたちに発問をしていきます。

一般的には、はじめに人間理解、続いて他者理解、最後に価値理解という順番で子どもたちが道徳的価値を理解できるようにしていきます。そうすると、子どもたちはその道徳的価値を自分のものにしていけるようになるのです。

　続いて「自己を見つめ」という言葉の意味ですが、この3つの理解を自分との関わりでとらえながら理解するということです。「自我関与」という言葉がありますが、この言葉には、ある事柄を自分のもの、あるいは、自分に関係があるものとして考えるという意味があり、教材を活用していても、自分の経験やそのときの感じ方や考え方を想起しながら考えを深めていくということです。教材の登場人物の心情理解のみで授業を進めてしまったら、その教材の内容を理解して授業が終わってしまいます。道徳科は教材の理解をゴールとしているのではなく、「自己理解」と言って、授業でねらいとしている道徳的価値に関して、自分で自分の成長を実感したり、課題や目標を見つけたりすることをゴールとしています。

　その「自己理解」のためには、いつも一人で考えるよりも友達の考えも参考にすることで、よりよい生き方を見つけることができるようになります。友達との対話を通して多様な感じ方や考え方に接する中で、自分の周りにはさまざまな価値観があることに気付くことが大切です。こうして子ども自身が、物事を一面的にとらえるのではなく、さまざまな視点から物事を理解できるようになるのです。これが「多面的・多角的に考え」という言葉の意味になります。

　道徳科の目標に示された学習活動は「自己の生き方についての考えを深める」という言葉で締めくくられています。この言葉の意味は、道徳科の授業で学んだ道徳的価値を理解することにとどまらずに自分のものにすることであり、「道徳的価値の自覚」という言葉で表現されることもあります。これは、子どもたちが道徳的価値に関わることを自分自身の問題であると受け止めるところから始まり、友達の多様な感じ方や考え方に触れることで身近な集団の中での自分の特徴などを知り、伸ばしたい自己を深く見つめられるようにしていきます。それとともにこれからの生き方の課題を考え、それを自己の生き方として実現していこうとする思いや願いを深めることができるようにするということです。

　このような学習を授業の流れの中で行うことを意識してみてください。

3　道徳科の中心的な発問

　道徳科の1単位時間の授業は、ただ川の流れのように流れていくのではあり

ません。事前に子どもたちの実態を把握し、授業中にも子どもたちの様子を観察しながら、時には川の流れを堰き止めてしっかりと話し合うことが必要です。道徳科の一般的な流れの段階である「導入」や「終末」にはそれぞれに重要な働きがありますが、それほど時間をかけられるところではありません。主に「展開」の段階では、教材を活用し、子どもたちは教材の登場人物などに自分を重ねながら考えていきます。その中でも特に時間をかけて話し合うところを考えておくことが必要で、その発問を「中心的な発問」と言います。前述した「他者理解」に時間をかけるのか、「価値理解」に時間をかけるのか、あるいは「自己理解」に十分に時間をかけるのかなど、1単位時間の時間配分を考えておくことは大切なことです。さもないと大事なところで終業のチャイムが鳴ってしまいます。

　以上が道徳科の授業の流れで確認しておくべきことになります。決して固定化された一つの型があるわけではないのですが、まずは下図のような基本形で授業の流れをつくってみてください。

道徳科の学習指導過程の例

段階	学習活動・主な発問	予想される子どもの発言	指導上の留意点
導入	・実態や問題を知る。	日常生活で考える	・道徳的価値について、問題意識がもてるようにするために…
展開	・道徳的価値の理解を基によりよい生き方を考える。 人間理解 他者理解 価値理解 ↓ 自己理解	教材で考える	・自分自身との関わりで考えられるようにするために… ・多面的・多角的に考えられるようにするために… ・自己の生き方についての考えを深められるようにするために…
終末	・よりよい生き方をしていこうとする意欲を高める。	日常生活で考える	・自己実現への思いや願いを深められるようにするために…

② 「考え、議論する道徳」とはどんな授業だろう

1 「考え、議論する道徳」とは、
　道徳科の目標の学習活動を実現すること
2 「考える道徳」のカギは「自我関与」にある
3 「議論する道徳」のカギは「納得解」の追求
　にある

1 「考え、議論する道徳」とは、道徳科の目標の学習活動の実現

「考え、議論する道徳」とは、答えが1つではない道徳的な課題を一人一人の子どもが自分自身の問題ととらえ、向き合う授業だとされています。この「考え、議論する道徳」という言葉は、現行の学習指導要領に改訂される際、道徳授業の質的転換を図るために出されたキャッチコピーです。「転換を図る」という言葉が示すように、これまでの道徳の授業では「読み物の登場人物の心情理解のみに偏った形式的な指導」等の課題が指摘されていました。

　では、それらの課題を克服した「考え、議論する道徳」とはどのような授業でしょうか。それは、道徳科の目標にある「道徳的諸価値についての理解を基に、自己を見つめ、物事を多面的・多角的に考え、自己の生き方についての考えを深める学習」を実現することです。とはいえ、それだけではまだイメージしづらいかもしれません。そこで次に、「考える道徳」と「議論する道徳」とにあえて分け、それぞれで重視すべきポイントと関連付けながら説明したいと思います。

2 「考える道徳」のカギは「自我関与」にあり

「考える道徳」の対象は、ねらいとする道徳的価値に関わる感じ方、考え方です。わかりやすく言えば「自分は、『思いやり』（道徳的価値）についてどのような感じ方、考え方をしているか」ということです。それは、「価値観」ということもできます。そう考えれば、先の課題例で示された「読み物の登場人物の心情理解のみに偏った形式的な指導」では不十分で、子どもが道徳的価値を

自分との関わりで考えることが求められることは一目瞭然です。具体的には、「教材を学ぶ授業ではなく教材で学ぶ授業」だと言えるでしょう。

　例えば、教材のあらすじを確認する発問や、教材に書かれている言葉や文が答えとなるような発問ばかりであると、発問に対する発言にその子ども自身の価値観は表れてきません。一方で、教材に描かれていない場面での登場人物の気持ちや行為の理由を考えさせる発問であれば、子どもは登場人物の立場や状況に自らを重ね合わせながら「自分だったら…」と考え、自分なりの価値観を表出させることでしょう。このように「自分だったら…」と自分との関わりで考えることを道徳科では「自我関与」と言っています。この「自我関与」を通して考えることこそ、道徳科が求める「考える道徳」の姿だといえます。

3　「議論する道徳」のカギは「納得解」の追求にあり

　みなさんは、「議論」という言葉からどのような姿をイメージするでしょうか。もしそのイメージが、相手をやり込め、勝敗を決する討論会のようなものだとすれば、それは道徳科で目指す議論の姿とは言えません。なぜなら、子どもたちの価値観に関しては、どれが正解などというものではないからです。とはいえ、子どもたちは、実際の生活における問題場面に対して、さまざまな道徳的価値をもとに多面的・多角的に考え、その状況にふさわしい答えを導き出すことが求められています。それゆえ、1つの事象をさまざまな見方から考え、選択肢を多くもち、その複数の選択肢の中から適切に選び抜いていく力を付けなければなりません。だからこそ、授業の中で共通の問題場面に対する友達の感じ方や考え方に触れることで、より多様な価値観に出合い、自分の価値観を磨いていく必要があるのです。

　道徳的な問題に対して、互いの価値観を認め合い、磨き合いながらその時々における「納得解」（自分も納得でき周囲の納得も得られる解）を追求していく、そのような議論の姿こそ、道徳科が求める「議論する道徳」だといえます。

③ 導入で問題意識をもたせる工夫

1 導入の鍵は子どもの問題意識に火をつけること
2 子どもの問題意識に火をつけるには?
3 問題意識に火をつける導入の
　具体例あれこれ

1 道徳的価値に関わる問題意識を喚起する

　導入とは文字通り「導き入れる」ことです。授業に興味・関心をもたせることはもちろん大切ですが、「考え、議論する道徳」を実現するためには、本時の主題に対する問題意識をもたせることが特に重要です。

　問題意識とは、ある物事に対する問題の重要性の認識やその問題に主体的に関わろうとする心のことだといわれます。具体的には、理想と現実のギャップを感じ、望ましい方向に近付けたいという意識のことです。もちろん、ここでいう問題とは、道徳的価値に関わる問題でなければなりません。本時でねらいとする道徳的価値に関わる問題意識に火をつけることが、子どもの「考えたい」「話し合いたい」という思いにつながり、「考え、議論する道徳」の実現につながっていきます。

2 道徳的価値を具体的な事実や経験と関連させて想起する

　では、子どもの問題意識に火をつけるにはどうすればよいのでしょうか。発達の段階や子どもの実態に合わせて多様に検討していくことが求められますが、導入においては特に「身近で切実な問題」「社会的な問題や現代的な課題」などに着目するとよいでしょう。

　例えば、「B　相互理解、寛容」をねらいとする授業であれば「どうすれば広い心で接することができるのだろう？」と直接的に問う導入も考えられますが、子どもの問題意識に火をつけるには不十分かもしれません。むしろ、友達

と意見が合わなくて腹が立った経験やそのときの気持ちを出し合うことで、広い心で接することの難しさやそう感じているのが自分だけではないことがわかり、問題追求への着火剤になる可能性があります。

　また、「C　国際理解、国際親善」をねらいとする授業の導入で、自分たちの生活が当たり前ではないと気付かせる社会的事実を提示してみます。そうすれば、そのことへの驚きとともに平和な世界の実現のためにはどうすればよいのかという問題意識をもたせることもできます。道徳的価値を具体的な事実や経験と関連させて浮かび上がらせることがポイントになるといえます。

3 「問題意識」に火をつける導入の具体例あれこれ

（1）アンケート結果の提示

　本時でねらいとする道徳的価値に関する行動の実態やイメージなどについてアンケートを事前にとっておきます。導入でその結果をグラフやテキストマイニン

グ等で提示することで、子どもは学級の実態を知ることができ、ねらいとする道徳的価値に対する問題意識を高めることができます。さらに、終末で再び同じ内容を問い、結果を提示することで、道徳的価値に対する見方や考え方の広がりや深まりを子ども自身に自覚させることもできるでしょう。

（2）写真や動画、実物の提示

　写真や動画、実物を提示し、それを見た子どもの率直な受け止めから道徳的価値に関わる考え方や経験等を表出させることも効果的です。例えば、郷土愛をねらいとする授業の導入で地域に受け継がれる祭りの昔の写真を見せたとします。子どもたちは、「それいつの写真？」「そんなに昔からあるの？」など、素直な思いを口にするでしょう。そこから、「地域に伝わる祭りにはどのような思いが込められているのだろう」といった問題意識へとつなげることができます。

（3）教材中の問題から子どもと学習課題をつくる

「身近で切実な問題」「社会的な問題や現代的な課題」とは異なりますが、「教材の中に描かれている問題」を取り上げて授業を行うことも考えられます。読み聞かせの前に「問題点を見つけながら聞く」などの視点を与えると、より学習課題につなげやすくなるでしょう。読み聞かせの後の意見を授業のねらいとの関わりでどう集約し、学習課題へとつなげていくのか、教師の力量が求められます。

4 「道徳的価値を理解」するとはどういうことだろう

1 道徳的価値が大切であると理解する
2 人間の弱さなども理解する
3 考え方は一つではなく多様であると理解する

　道徳的価値は、誰もがよりよく生きるために必要なものであり、人間としての在り方や生き方の礎となるものです。「道徳的価値の理解」とは、道徳的価値自体を観念的に理解することではなく、大きく分けて、次の3つの視点から考えることだと言えます。

1 道徳的価値が大切であると理解すること（価値理解）

　道徳の内容項目のそれぞれについて、人間としてよりよく生きる上で大切なことであると受け止めることです。

　例えば、「親切、思いやり」の内容項目で考えてみましょう。日常の経験や体験から、子どもの多くはその道徳的価値が大切であるとは気付いています。そこで、授業では、子どもがその価値と向き合うことで改めて「大切だなあ」と感じたり、その価値への思いを交え合ったりすることで、「どのようなよさがあるのか」などを考えを深められるようにすることが大切です。

> 親切にすると、自分も相手も心が温かくなるね。

> 思いやりの心は、やっぱり大切だな。

　教師は、一人一人の子どもの気付きや思いを受け止め、それを交流することなどを通して、全体での理解を深めていきます。その際、「みなさん、この価値は大事です。大切にしましょう」などと、一面的な教え込みにならないように十分留意しましょう。

2 人間の弱さなども理解すること（人間理解）

「わかっているけど、でも…」「やりたいと思っているけれどなかなか…」など、人間の心の中には迷いがあります。道徳的価値は大切だとわかっていても、実現することができない場合もあります。

道徳の授業では、そのような人間のもつ弱さにも目を向けさせて、それを、子ども一人一人が考えられるようにすることが大切です。

このように、一人一人がもっている人間的な弱さに目を向けて考えることで、道徳的価値が身近に感じることもあります。このような思いが、より道徳的価値の理解を深めることに繋がります。

3 考え方は一つではなく多様であると理解すること（他者理解）

学級に30人の子どもがいると、30通りの感じ方や考え方があります。同じように、道徳的価値に対しても、その感じ方や考え方は一つではなく多様になります。友達同士で多様な感じ方や考え方を伝え合う中で、道徳的価値の理解を深めていきます。

道徳的価値を実現したり、実現できなかったりするときの感じ方や考え方は一つではなく多様であるということを前提として理解します。

道徳科の授業において、道徳的価値についてさまざまな角度から理解する学習は、子どもが生き方についての考えを深める上で、すべての基になります。私たちはそのことを十分に心得て、子どもと共に授業に臨むようにしましょう。

「自己を見つめる」には どうすればよいのだろう

1 登場人物を自分に置き換えて考える
2 現在の自分自身を振り返り行動や考えを見直す
3 道徳的価値の理解をさらに深めたり、
  道徳的価値を実現することの難しさを考えたりする

　道徳的価値の理解を図るには、子ども一人一人がこれらの理解を自分との関わりでとらえることが重要です。「自己を見つめる」とは、自分との関わり、つまりこれまでの自分の経験やそのときの感じ方、考え方と照らし合わせながら、さらに考えを深めることです。

　では、道徳科の学習においての「自己を見つめる」とは、具体的にどのようなことを言うのでしょうか。

1 登場人物を自分に置き換えて考える

　道徳科の学習では、教材の中の登場人物について、自分自身に置き換えイメージしながら考えていきます。これは登場人物に自我関与していくことです。

> 登場人物は、〇〇〇と
> 考えていたんじゃないかな。

> こんな気持ちかな。

　このような学習の過程で、子どもたちは、自己を見つめながら今までの経験等をそこに重ねて登場人物の気持ちや行動を考えています。このことが、子どもの生き方への考えを深めることにつながります。

2 自らの行動や考えを見直す

　また、理解した道徳的価値をもとに、自己を見つめながら自分の生活について振り返ったり、これからの自分について考えたりします。

今までの自分は親切な行動
をしたことはあったかな。

自分にとっての親切は
〇〇だと思う。

3 自分事として考える

　道徳的価値について理解をするとき、子どもは自己を見つめながらその価値について考えます。そして、友達と話し合うことを通して多様な感じ方や考え方に触れ、さらに考えを広げたり深めたりしていきます。

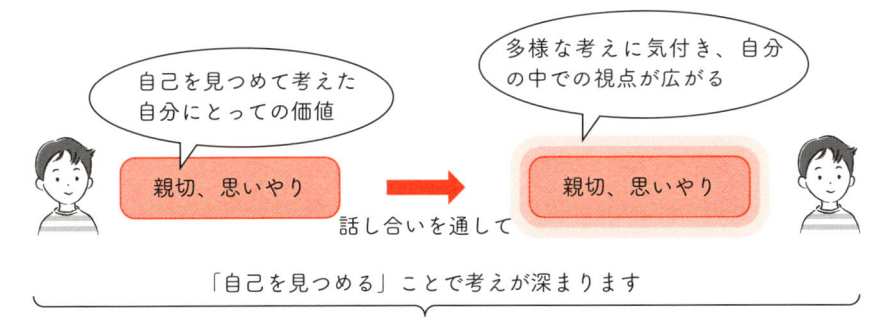

自己を見つめて考えた
自分にとっての価値

多様な考えに気付き、自分
の中での視点が広がる

親切、思いやり　→　親切、思いやり

話し合いを通して

「自己を見つめる」ことで考えが深まります

　また、道徳的価値を実現することの難しさについても、今までの経験や体験から多くの子どもは感じることができます。教師は、その思いを引き出し、受け止めていきます。

　これらを積み重ねることで、子どもは日常の生活において自らを振り返り、自分の成長を実感したり、これからの課題や目標を見つけたりすることができるようになります。

　道徳科の学習は、"どこかの誰か"という「他人事」としてとらえるのではなく、一つ一つを「自分事」として考えることが大切です。「自己を見つめる」（自分との関わりで考える）ことは、道徳科の学習においてとても重要な役割を果たします。教師は、子どもの自己を見つめている具体的な姿をイメージし、発問や授業の展開を考えていくことが大切です。

　もし、「道徳科の授業では正しいことを言わなければいけない」と思っている子どもがいるとしたら、改めて「自分の心と向き合う時間」であることを伝えます。その上で、その子どもが本当に正しいという思いで伝えたのであれば、それはしっかりと受け止めます。年間を通して、自己を見つめながら多様な思いに気付けるようにしていきましょう。

6 「多面的・多角的に考える」にはどうすればよいのだろう

1 道徳的価値を多面的・多角的な視点で考える
2 登場人物を多面的・多角的な視点で考える
3 発達の段階に応じて一層考えを深める

「多面的・多角的に考える」とは、物事を一面的にとらえるのではなく、さまざまな視点から考えることです。そのため、道徳科の学習では、友達と対話したり話し合ったりしながら多様な感じ方や考え方に接する機会を広げていくことが大切です。

また、多面的・多角的に考えるためには、子どもに「何について考えるのか」という教師の意図も欠かせません。「いろいろな考えが出てよかった」という表面的なものではなく、「多様な視点から物事を深く考えることができた」と子ども自身が感じることのできるような授業展開を心がけましょう。

1 道徳的価値に対する多面的・多角的な視点

道徳的価値について、多面的・多角的な視点から考えてみましょう。

例えば、「親切、思いやり」の内容項目では、親切とは「人に優しくすること」だけではありません。親切な行いの中には、見守る親切もあれば、声をかけたり直接手伝ったりする親切もあります。

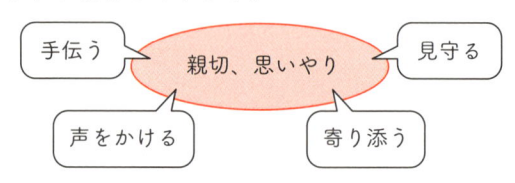

また、「親切、思いやり」を行動に移すためには、人によってさまざまな思いがあります。勇気をもって行う親切もあれば、友達として、家族として優しい気持ちで行う親切もあります。

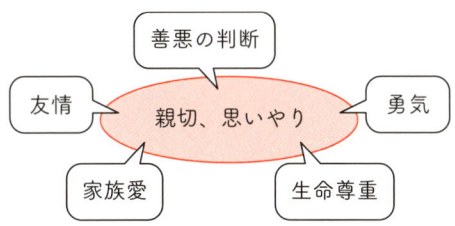

　このように、今までの自分の体験等を通して、さまざまな視点から道徳的価値について考えられるようにすることが大切です。

2　登場人物に対する多面的・多角的な視点

　教材の中の登場人物に対しても、さまざまな視点から考えることができます。道徳科の学習では、登場人物の気持ちや考えを自分との関わりで（登場人物に置き換えて）考えるようにします。

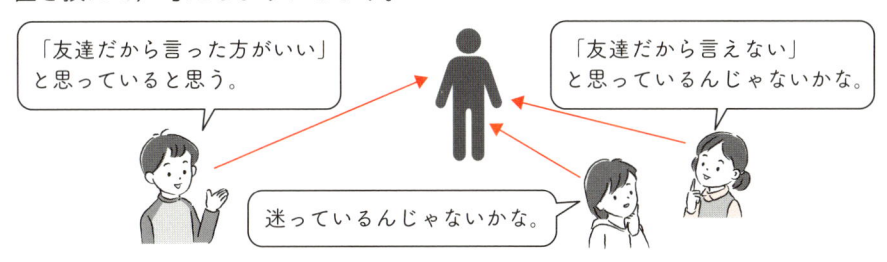

3　発達の段階などに応じて

　発達の段階によっては、2つの概念が互いに矛盾、対立している物事を取り扱うなど、物事を多面的・多角的に考える工夫もあります。

　また、「生命の尊さ」に関する指導であれば、教材における生命に対して「主人公の思い」「親の思い」「友達の思い」「医療関係者の思い」など、登場人物を通したさまざまな立場から「生命の尊さ」について考えることもできます。

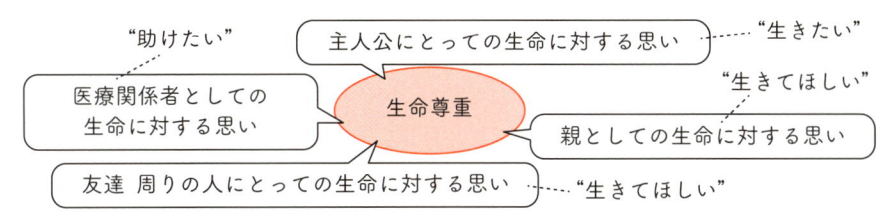

　このように、道徳科の学習の中から生まれる多様な感じ方や考え方を通して、子どもが物事をさまざまな視点から考えを深められるようにしていきましょう。

7 「自己の生き方を考える」には どうすればよいのだろう

1 自分自身の問題として受け止める
2 自分の特徴を知り、伸ばしたい自己を深く見つめる
3 自己の生き方を実現していこうとする
　思いや願いを深める

「自己の生き方を考える」ためには、人間としてよりよく生きるために道徳的価値に向き合い、「自分は、どのように生きていきたいか」「自分らしい生き方とは何か」を自ら考え続ける姿勢が大切です。

　そして、道徳科の学習が「自己の生き方について考えを深める学習」であることを教師も子どもも強く意識することが重要です。

道徳科の学習において「自己の生き方について考えを深める」イメージ図

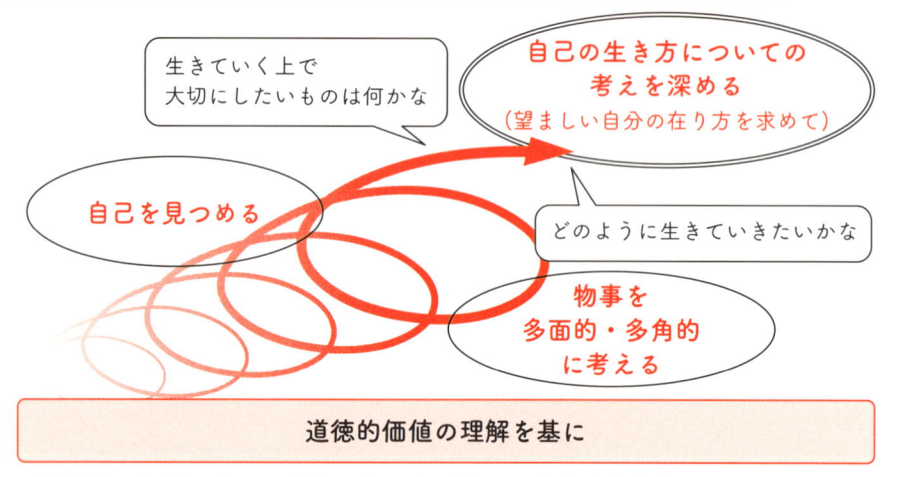

　道徳科の学習では、子ども一人一人が自己の生き方を考えることができるように、次のような視点を意識して授業をするようにします。

1 道徳的価値に関わる事象を自分自身の問題として受け止める

　教材の内容やその中の道徳的価値について、子どもが「あくまでお話の中の出来事だし…」「自分とは関わりが少ないから…」などととらえるのではなく、自分自身の問題として受け止められるようにすることが大切です。

　そのためには、道徳科の学習が「自己の生き方についての考えを深める学習」であることを一人一人が十分に理解する必要があります。また、話し合いを通して「自分にとってよりよく生きるヒント」を見つけることができるよう、教師は意識をして授業を行っていきます。

2 自分の特徴などを知り、伸ばしたい自己を深く見つめる

　私たちがよりよく生きていくためには、「自分らしい生活」「自分らしい生き方」という視点は欠かせません。

　子どもは、道徳科の学習で多様な感じ方や考え方に触れる中で、自分の特徴に気付いたり、気付かされたりします。そして、「自分らしい生き方」へと近付くために、伸ばしたい自己を深く見つめ、考えていきます。

> 自分の〇〇なところは、自信をもとう。もっと他のことでもそれを生かせることはできるかな。

> 自分の〇〇なところは、自分が好きなところだから、ずっと持ち続けたい。どうしたら持ち続けられるかな。

3 自己の生き方を実現していこうとする思いや願いを深める

　自己の生き方について考えるためには、自分自身を振り返ることも必要です。その結果、自らの成長を実感したり、これからの生き方の課題を考えたり、新たな目標をもったりすることができるようになります。

年度途中や学年末の機会に…

> （望ましい自分の在り方を求めて）今の自分の生き方はどうかな？

　このように、子どもが自らの生き方について考え続ける態度を養うことで、自己の生き方を実現していことする思いや願いを深めることができます。

終末で授業を どのようにまとめるか

1 終末は、子どもの学びを今後の発展につなぐ時間とする
2 終末の役割を果たす上での留意点
3 今後の発展につなぐ終末にするために

1 「よりよく生きよう」とする思いを一層深めるために

「終末」という言葉は道徳科に特有なものです。他教科等であれば「まとめ」という言葉が一般的です。道徳科で終末という言葉が使われる背景として、子どもたちの考えを一つにまとめる必要はないと考えられていることが挙げられます。

では、道徳科における終末の役割とは何でしょうか。それは、学びを自分の生き方にしっかりと結び付け、今後の発展につなぐことです。具体的には、授業で広がったり深まったりした見方や考え方を一人一人の子どもが自覚し、よりよく生きようとする思いを一層深めることだといえます。その役割を果たすためには、次のようなことに留意しておく必要があるでしょう。

2 終末の役割を果たす上での留意点

（1）学びを明確化する

これは、導入で抱いた問題意識や道徳的価値に対する見方や考え方が授業を通してどのように変容したのかを、子ども自身に実感させることです。もちろん、このような実感は展開の中でも子どもそれぞれに抱いていると考えられますが、終末ではこのような場を意図的に設定する必要があります。

そのための方法の一つが言語化です。書くことによって子どもは本時の学びを振り返ります。それは、改めて自分と向き合い、曖昧だった自分の考えを整理していく作業だといえるでしょう。このことが学びの意味を鮮明にし、今後の生活に生かそうとする前向きな気持ちを育むのです。

（2）自分のよさに気付かせる

　子どもたちはみな道徳性の萌芽を心の中にもっています。しかし、例えば偉人を扱った教材に対して、自分とは遠く離れた存在や出来事

のように感じてしまい、道徳的価値を自分との関わりで考えることが難しいという場合もあります。そこで、終末でその価値を実現できている子どもたちの具体的な場面を紹介したり語らせたりして、自分の中にも道徳性の萌芽、すなわち人間としてのよさがあることに気付かせてあげるのです。今後の発展につながる心温まる終末を心がけることが大切だと言えます。

3 今後の発展につなぐ終末にするための具体例あれこれ

（1）教師の説話

　終末で広く行われているのが説話です。これには、道徳的価値に関する教師の体験談、名言・格言、エピソードなども含まれます。説話の際、最も注意したいのは、「～しましょう」や「～しなさい」と考え方や行為を押し付けてしまうことです。道徳科の授業はあくまで内面的資質である道徳性の育成がねらいですから、道徳的価値の意義をさらに深く実感させたり、子どもたちの学びをさらに価値付けたりするような説話が求められます。

（2）子どもたちの写真や映像の紹介

　価値を実現できている子どもたちの写真や映像を紹介することもおすすめです。そのためには、日常から学校生活における子どもたちの姿をよく観察し、記録しておく必要があります。さらに、紹介と合わせて「そのときどんな気持ちがした？」「どんな思いでそうしたの？」などと問えば、ねらいとする道徳性の育成へとより深く迫っていくことが期待できます。

（3）さらなる「もやもや」を引き出す

　終末であえて別の視点を示して子どもたちの「もやもや」を引き出して終わるという方法もあります。本時に子どもたちが到達した学びでは解決が難しいと思われる状況や条件を含んだ事実を提示すれば、きっと子どもたちは戸惑うでしょう。おそらく授業が終わっても考え続けるはずです。本来、道徳としての問題は授業内だけで完結するものではありませんから、あえて「もやもや」を残して終わる、そのような終末があってもよいのではないでしょうか。

道徳科と学級活動は
何が違う?

　学校の教育活動全体を通して行う道徳教育の要となる「道徳科」と、特別活動の活動の一つである「学級活動」の指導では何が違うのでしょうか。両者の目標を確かめると「自己の生き方についての考えを深め」という言葉が共通して見られます。つまり、道徳科も学級活動の学習も自分自身の生き方と深く関わる内容であることに間違いはありません。

　では、この2つにはどのような違いがあるのでしょうか。はじめに学級活動ですが、その指導内容によって(1)(2)(3)に分かれており、学級活動(1)は「学級会」と言えばイメージしやすいと思います。子どもたちが自分たちの学校生活をよりよいものにしていくために、子どもが提案をして話し合い、折り合いを付けながら合意形成を図っていきます。(2)は日常生活のさまざまな問題点を取り上げて話し合い、具体的な実践方法を意志決定していきます。(3)は一人一人の子どもたちが具体的な努力目標を設定し、意志決定していきます。このように、学級活動はすべて具体的な行為までを求める学習なのです。

　それに対して道徳科はどうでしょうか。子ども一人一人が自分の生き方について、自分の気持ちや考えを表現し、他者の気持ちや考えを聞きながら話し合っていきます。最後は、折り合いを付けて合意形成を図ったり、決意表明をしたりして、その状況に応じた道徳的行為そのものを求めるものではありません。第1章の道徳科の授業を通して育てる「道徳性」は、その様相である道徳的判断力、道徳的心情、道徳的実践意欲、道徳的態度でとらえることとし、これらはどれも心の中にあるものです。道徳科では具体的な行為そのものを押し付けたり、決意表明をさせたりするのではなく、内面的な心を育てることを大切にしていきます。道徳科で心を育て、それを実践する場が特別活動であると言ってもよいのです。

第 **4** 章

道徳の
指導技術

① どんな指導の工夫が考えられるか

1 多様な工夫の中から選び抜いて生かす
2 7つの工夫＝「引き出し」のよさをつかんでおく
3 ICT活用や個別指導への配慮を欠かさない

　道徳科の授業を、子どもにとって、より魅力と深みのある授業へと脚色していくにはどのようにするとよいのでしょうか。

　まず、授業に臨む私たち自身が、さまざまな指導技術や工夫を心得ていることが必要です。その上で、その工夫を適切な箇所で、かつタイムリーに指導の中に織り込むようにすることです。では、どのような工夫や配慮の方法があるのでしょうか。本章では、それらについてひも解いていきます。

1 多様な指導の工夫について知って心得ておこう

　道徳科では、解説の84ページから、「道徳科に生かす指導方法の工夫」が7つの項目として示されています。それが、次の2に示す「教材提示」から「説話」までの7つの工夫です。もちろん、指導方法の工夫はこの7つに限られませんが、このような工夫の具体的な説明は、道徳科の解説だけに見られるもので、他の教科等の解説にはありません。それは、道徳科の指導が他の教科等と異なる性格をもっていることから、あえて整理して示していると考えられます。しかし、工夫のバリエーションとして、国語科などの他の教科等にもきわめて参考になる内容です。

　これは、右図にあるように、授業に際して指導のアイデアを引き出す「引き出

道徳科の授業に生かす7つの工夫

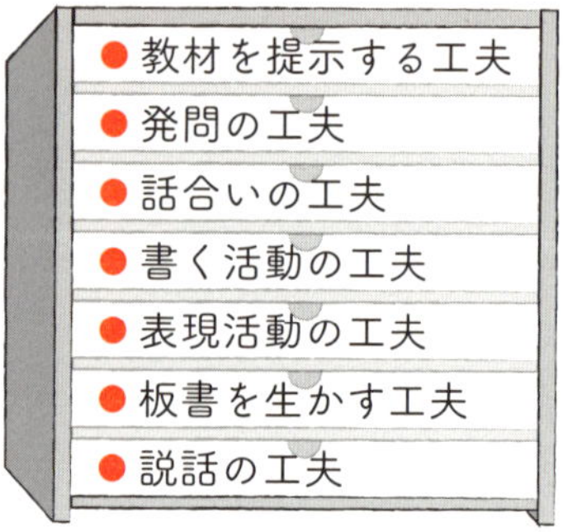

- ● 教材を提示する工夫
- ● 発問の工夫
- ● 話合いの工夫
- ● 書く活動の工夫
- ● 表現活動の工夫
- ● 板書を生かす工夫
- ● 説話の工夫

し」だということができます。これらを心得ておき、必要に応じて開けて取り出して生かす。それが授業を充実させる私たち教師の構えです。

　ただし、その際に気を付けたいこと、それはまず、多様な活用の可能性を考えながらも、それを「吟味して生かす」ようにすることです。つまり、「引き出し」を次々と開けて、その中身を盛り込み過ぎて、授業を忙しくしたり、お膳立てが行きすぎた授業になったりしないようにして、「この時間は特にこの工夫を生かしたい」などと、選び抜いて生かすことです。

　では、それぞれの工夫はどのようなもので、それを生かすにはどんなポイントがあるでしょうか。詳しくは、下の項目の説明とともに、続く本章2からの説明をそれぞれ確認してみてください。

2 7つの工夫＝「引き出し」のそれぞれを効果的に生かすには？

●教材の提示……さまざまな仕掛けで授業に引き込む

　教材提示は、道徳科の授業において話し合いたい問題意識を生み出したり、登場人物と出会ったりするなど、授業展開の大事な契機となります。教師による語り聞かせのほか、大型絵や紙芝居、黒板を舞台にした演示、ICTを生かした提示など、多彩な方法を心得ておきましょう。

　その際、大量の内容を注ぐような情報過多の提示は、子どもの想像力や自分事としての追求力が弱くなる場合もあるので気を付けるようにします。

●発問……柔軟な発想に立つ発問で思考を揺り動かす

　子どもの問題意識や疑問が生かされる柔軟な発問を大事にして、子どもの思考を揺り動かしたいものです。そのためにも、自由度があり、個性的な考えが引き出される発問、考える必然性や切実感がある発問を工夫します。時に、ねらいや本質を意識した大きな問いかけも考えてみましょう。

　留意したいのは、細かな発問を多くしすぎないことです。中心的な発問を軸に発問の数を絞って、一体的に組み立てることを大事にしましょう。

●話し合い……多様な話し合いの形を心得て効果的な方法を生かす

　話し合いには、全体で一斉で行う方法の他に、ペア、小グループ、尋ね歩き

の活動、討議形式など、多様な形があります。

　また、ネームプレート、心情図や心情円、グラフなどのグッズを生かして考えやすい場の演出をすることも考えられます。

　その際、教師と子どもの閉じられた受け答えだけとはせず、子どもの相互作用で議論が生まれるような工夫を試みてみましょう。

●書く活動……ノートづくりやシートの積み重ねの方針をもつ

　子どもの学習ノートには、子どもの個性が表れます。また、教師がレイアウトをした学習シートには、授業の方向が見え、学びの軸がつくられます。シートでは、吹き出し型、手紙の形式、自己評価を含む方法など、多彩な工夫が可能です。それぞれのよさを生かし合って、授業の方針をもつようにします。そして、それらの積み重ねによって、子どもの成長記録にもなるような生かし方を工夫することも大切にします。

　気を付けたいのは、子どもが書くことに追われないように、書く回数を重要な箇所に絞って、話し合いや交流時間も大事にすることです。

●表現活動……表現活動の種類を心得てその特色を生かす

　表現活動には、役割演技、動作化を中心として、劇化、疑似体験活動など、さまざまな工夫があります。それぞれに趣旨が違い、活動自体が目的ではないので、生かすポイントを押さえながら取り入れるようにします。

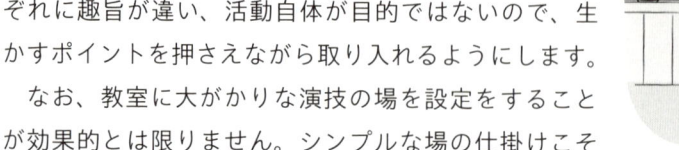

　なお、教室に大がかりな演技の場を設定をすることが効果的とは限りません。シンプルな場の仕掛けこそが、子どもの想像力をかき立てて、意欲的な追求を生むこともあるので留意しましょう。

●板書……時系列的な板書だけでなく構造的な板書などを工夫する

　道徳科では板書を中心的な思考画面として生かす授業が広く見られます。中心部分が見える板書、意見の違いが類別化された板書、黒板全体をお話の舞台のようにした板書、子どもが参画できる板書などがあり、その工夫は授業の成否を大きく左右します。

　しばしば学習指導案を横にしたような順接的、時系列的な板書

が見られますが、構造化を心掛けるなどして思考の深まりを促すように工夫してみましょう。

●説話……押しつけにならない価値ある話題提示を工夫する

説話には、教師による情報提示や、自らの体験の語り、学級でのエピソードの提示など、さまざまな内容があります。授業では終末で生かされることが多くあります。

その際、教師の考えを決め付け的に伝える構えではなく、思考のヒントを示したり、教師の願いを伝えたりして、ホットな学び合いの空間の雰囲気を損なわないようにしましょう。

3 指導の充実を図るために配慮したい更なる2つのポイント

●ICT時代の学びへの対応を欠かさない

上記の7つの工夫の他にも、特に意識しておきたいポイントがあります。その重要な一つは一人一台端末が整備された現在の学習環境の中でのICTの生かし方です。具体的な工夫は、本章9で確認してみてください。道徳科の授業で重要なのは、例えば、導入での意識付けや、中心的な発問で考えの違いや傾向を共有して議論を促すなど、場面を絞って生かすように努めることです。子どもの思考は目に見えないアナログ的な心の動きの中で進むものです。ツールとしてのデジタル画面に引きずられるだけの授業とならないようにしましょう。

また、なかにはICT端末の使用に馴染めず、学習に課題を生じる子どももいます。そのような子どもの心の圧迫にならないような配慮も大切にします。

●個別指導や机間指導で一人一人の力を引き出す

そしていま一つ大事にしたいこと、それは個別指導での配慮です。学習の個別化は、机間指導や個別の声かけの最大のチャンスです。発表が苦手な子どもに声をかけたり、鉛筆が進まない子どもにヒントを示したりして、いわばコーチングを行う思いで一人一人の自己発揮を促すように努めることです。このことについては、本章10を参考にしてみてください。

子どもは教師の温かなまなざしを求めています。教師が授業のよどみない展開にとらわれるあまり、一人一人の表情の変化などを見落とすことがないように努めて、安心できる楽しい学習空間をつくっていきましょう。

2 教材の提示をどう工夫する?

1 教材の世界に自分事として入れるようにする
2 発達の段階や教材に応じて工夫する
3 1回の教材提示で理解できるようにする

1 教材提示の基本

　道徳科において教材との出会いはきわめて重要です。教材の内容や背景が子どもにしっかりと伝わるように、教師が事前に教材を読み、教材を吟味し、子どもにどのように提示したいのかをイメージしておく必要があります。道徳の教材提示は多くの場合、指導の意図をもって教師主体で行います。子どもが、1回の教材提示で出来事や登場人物の立場などを理解し、自分事として教材の世界に入れるようにする読み方の工夫や伝え方を考えておきましょう。

　道徳は国語と違って教材の読み取りを中心とするのではなく、子どもが登場人物に自分を重ねて、自分の思いを表現できるようにします。気持ちがわかる文を探してそのままこたえたり、別の教材のページを見てしまったりする子どももいるので、教材提示の後、教科書を机の中に入れるのも1つの方法です。

2 効果的な教材提示の方法

　教材提示の方法はいろいろあります。子どもの発達の段階、教材の内容などに合わせてさまざまな方法の中から効果的だと思うものを選んで提示するとよいでしょう。

　○**教師の読み聞かせ**…教材提示の基本です。教師は歩き回らずに子どもの表情を感じ取りやすい教室の前で教材の読み聞かせをします。これを「範読」ということもあります。子どもは教師の範読を聞きながら、教材の世界に

浸れるようにします。

○**場面絵や紙芝居などの活用**…絵を見せながら教師が読み聞かせます。ICT端末を活用したり音楽や効果音などを入れたりするのもよいでしょう。

黒板を劇場にした教材提示

○**黒板シアター、ペープサートなどの劇化**…絵カード、ペープサート等を教師が動かしながら劇のように提示します。黒板に背景を描いて絵カードを動かして提示し、そのまま授業の展開で活用することもできます。

○**映像資料等**…電子教科書やDVDの動画、スライドなどICT端末を活用することもできます。

電子黒板に教材紙面を映し出しているようす

なお、学級には、視覚優位な子どもや聴覚優位な子どもがいます。そこで、子どもの特性に合わせて、教科書を見ながら読み聞かせを聞く、スライドに会話の吹き出しを入れるなど、提示方法を併用して個別最適化を図ることも大切にします。

3 大事な情報は取り出して提示する

子どもが教材の内容や背景をわかっていないと、授業の話し合いが深まりません。1回の教材提示で、登場人物の置かれている状況や内容を理解できるようにし、教材の登場人物に自分を重ねて、そのときの気持ちなどを多面的・多角的に考えられるようにします。そのためにも、必要なことをわかりやすく伝える工夫が大切です。

○**登場人物を知らせておく**…「今日は、おおかみとくまが出てきます。くまの気持ちになって聞きましょう」などと、注目する登場人物や聞く視点を知らせておきます。

○**登場人物の絵と名前、関係などを板書する**…登場人物が複数いて、名前や関係がわかりにくいときに効果的です。

○**授業の前や導入で難しい言葉や背景を説明しておく**…歴史的な話や子どもにとって身近ではない教材のときに効果的です。

○**事前に読ませておく**…長文の教材や難しい教材のときに効果的です。
教材提示がその後の授業の展開に響いてきます。

3 道徳科の発問で大切にしたいこと

1 自分を重ねて、
   多様な考えを引き出せるようにする
2 ねらいを意識して言葉を吟味する
3 発問全体の構成を工夫する

1 多面的・多角的に考え、多様な考えを引き出せる発問

　道徳科の発問では、子どもがねらいとする道徳的価値の大切さに気付いたり、自己を振り返って生き方について考えたりできるようにすることが大切です。子どもにとって自分を俯瞰して考えることはなかなか難しいので、教材を活用して、登場人物の立場に置かれたらどのような気持ちになるのか、どんなことを考えるのか、どう判断するのかなどを疑似体験させて、登場人物に自分を重ねて表現できるようにします。

自分事
多様な考え

読み取り
一問一答

　その際、「〇〇さんは、誰と会ったの？」「その後どうしたの？」というような状況確認の質問や、教材に答えや登場人物の気持ちが書いてある国語の文章の読み取りのような発問は減らすようにします。一問一答になる発問ではなく、「〇〇はどのような気持ちだったでしょう」「はっとした〇〇はどのようなことを考えていたのでしょう」などのように、多面的・多角的に考え、多様な考えが引き出せる発問を大切にします。

2 ねらいを意識した発問

　道徳的な判断力、心情、実践意欲と態度のどんな面をねらっているのかを意識して発問を考えることが大切です。例えば道徳的判断力を育てることをねらうのであれば、「〇〇が□□したのはどんな気持ち（考え）からでしょう」と

判断した理由や気持ちを考える発問、心情を育てることをねらうのであれば、「○○はどのような気持ちだったのでしょう」と登場人物に共感する発問など、少しの表現の違いで考えることが変わってきます。子どもが何を聞かれているのかわかり、ねらいからぶれないようにするために、教師が発問の意図をもって言葉を吟味することが大切です。

判断力？　心情？
実践意欲？　態度？

3 子どもの思考が深まる発問構成

　道徳科の発問は、基本的には、大きく①導入、②展開、③終末の大きく分けて3つに考えることができます。これらの発問が途切れずに、本時のねらいのもとにつながり、子どもの思考が深まっていくような発問構成を考えます。また、子どもの考えをより具体的にしたり、理由を問い返したりする補助発問も考えておくとよいでしょう。中心的な発問や補助的な発問によってじっくりと考えられるように時間配分を考えることも大切です。

学習段階と発問のポイント	
導入	○子どもが本時の問題意識をもてるようにする発問。 ・3分程度の短い時間で考えられるようにします。
展開	○教材の登場人物に自分を重ねて考える発問。 ・軽重を付けた3つ程度の発問がよさそうです。 ・「ねらいとする道徳的価値に迫るところ」「登場人物の気持ちが動いたり変化したりするところ」「葛藤場面、多面的・多角的に考えられるところ」などじっくりと考えさせたいところを中心的な発問に選びます。 ・中心的な発問だけでなく、その他の発問も決めます。 ○自分の経験を振り返り、自己の生き方について考える発問。 ・ねらいとする道徳的価値の理解を深めたり、自分の生活を振り返ったりすることで、自分ができていることや足りないことに気付かせ、これからの生き方について考えさせます。
終末	○子どもが本時をまとめられるような掲示や問いの工夫。 ・まとめの題材を工夫して課題をもたせる。

4 効果的な話し合いの方法

1 一人一人が参加できる少人数での話し合い
2 考えをつなげ、引き出す全体での話し合い
3 自分の思いや考えを表現しやすくする工夫

1 少人数での話し合いで一人一人に考えがもてるようにする

　全体で話し合う前に、少人数での話し合いを取り入れると、子ども一人一人が参加する機会を意図的につくることができます。こうした話し合いを取り入れていくと、自分の考えがまとまり、自信をもって考えを伝えられる子どもが増え、多様な考えに気付きやすくなります。考えが

浮かばない子どもは、友達の考えを聞くことで自分の考えをもつヒントとなります。

　また、単なる伝え合いで終わらないように、「なるほど」と考えを受け止めたり、「私と似ている」などと自分の考えと比べたり、「どうしてそう思ったの？」と質問したりするなど、受け答えをしながら交流ができるようにします。

〈少人数での話し合いの方法例〉

短時間での簡単な話し合い（2〜3人組）	教師が発問をした後、30秒〜1分程度の短い時間でテンポよく隣や近くの席の子どもと雑談をするように気軽に話す機会をつくります。
登場人物の立場になって話し合う（2〜4人組）	グループで時間をとってじっくりと話し合います。登場人物の立場に分かれてなりきって話し合う役割演技のような方法も効果的です。立場を入れ替えて、それぞれの考えに触れるようにすると、さらに考えが深まります。

自分で動いて話し合う（たずね歩き）	ノートなどに自分の考えを書いた後、考えがまとまった子どもから教室を歩き回り、意見を交換し合います。ノートを読み合うのではなく、自分の考えを語り合うようにします。 時間内に、さまざまな子どもと話し合い、考えを交流し合います。

2 全体での話し合いは教師がファシリテートする

　全体での話し合いでは、教師がファシリテーターとなって、子どもの考えを引き出してつなげ、似ている考え、付け足し、他の考えなど、整理・分類していきます。「やさしい」と答えた子どもに対して「やさしいってどういうことかな」「どうしてそう思ったの」「似ている考えはありますか」「他の考えはありますか」などと問い返して、さらに詳しく掘り下げていきます。友達の考えについてどう思うか、他の子どもに考えさせたり、同じ考えでも理由が違うことに気付かせたりして、考えを価値付けていきます。その際、出てきた考えを整理して板書すると話し合いの参考になります。教師が常にねらいを意識して、話し合いの軸がぶれないようにすることも大切です。

3 自分の思いや考えを表現しやすくする

　教材での話し合いは、登場人物の絵カードや場面絵、実物などの小道具を用意することで、より登場人物に自分を重ねて話し合えるようになります。特に低学年では、登場人物の絵を手に持つだけでも教材の世界に入りやすくなり、話し合いが活発になります。

　また、複雑な気持ちを色の割合で表す心情バロメーターやホワイトボード、ICT端末の活用や、板書の自分の立場にマグネットを貼る、思考ツールを使うなど、考えを視覚化してから話し合うことも効果的です。このような工夫を加えることで、子ども同士の考えの深め合いが、より活発になるようにしてみましょう。

心情バロメーター

絵カード

ホワイトボード

5 ノートやシートへの 書く活動はどうする?

1 書く活動で子どもの状態を把握する
2 学習の流れに即して書く活動を取り入れる
3 書けないで困っている子どもに寄り添う

1 書く活動の効果とは

　どの教科等においてもICT端末の活用が進んでいますが、ノート等に書く活動には一定の効果があります。ICT端末との一番の違いは「子どもの心の状態」が文字に表れるということです。子どもが教材に深く入り込んでいればいるほど、心の状態は文字に表れます。道徳科の学習ではノートやシートにきれいにまとめるというよりも、今日考えたこと、今の自分の考えをありのままに書けるようにすることが大切です。

　また、ノートに書くことは、発言することが苦手な子どもでも、自分の考えを表現でき、それをもとに発言や交流につなげることができるという点にも効果があります。発言はできなくても「自分だけの考えを書く」ということにとても意味があります。

2 何をいつ書かせるとよいのか

　書く作業には一定の時間が必要です。書く内容によっても確保すべき時間は異なります。

> 導入…内容項目に関する今の自分の考えや、自分自身の現状について　など
> 展開…教材を通して考えたこと（中心的な発問を軸に）など
> 終末…学習を通して考えたこと、教材と自分を関係づけて考えを書くこと
> 　　　など

　このように、学習の流れに即してさまざまな場面で書く活動を取り入れるこ

とができますが、「子どもは本当にそのとき書きたいのか」について見届けるようにしましょう。書く活動は個人が自分を見つめることができる「静」の活動時間です。本時のねらいに即して子どもの実態や発達の段階も踏まえながらいつ書かせるのが効果的か考えましょう。

なお、最初のうちは、終末の段階で本時のまとめとして書く活動を取り入れることから始めてみるのもよいでしょう。

3 書けない子どもにはどうするか

実際の授業の中では、「書けない」という子どもがいることはよくあります。大人でさえ、全員が納得するような答えを言えないような問いもある中で、子どもが悩み、筆が止まるのは当然のことです。「心の中で思っていることがあるのに、うまく言葉にできない」という場合もあるでしょう。

このように、書かないのではなく、書けなくて困っている子どもを把握するために机間指導をしましょう。そこで、子どもが書き出せる声がけをしたり、「どのように書こうか迷うくらいたくさん考えているんだね」と認める声かけをしたりしましょう。また、書けなかったノートやワークシートにも「いっぱい悩んでいた姿を見ていたよ」などと子どもの意欲を認めるコメントを書いてみましょう。そのような指導を続けることで、子どもは少しずつ自分の力で書くことができるようになるはずです。私たち教師が「書けない子は何も考えていない子ではない」という視点をもち、認め励ます姿勢を忘れないようにして、子どもに接していきましょう。

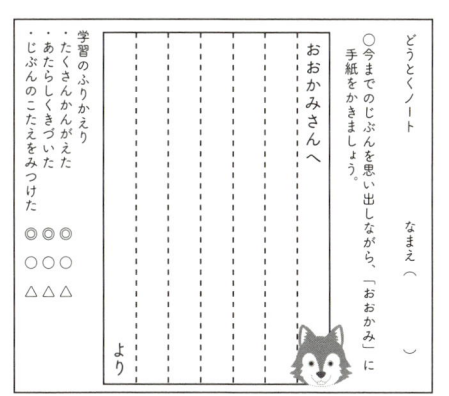

手紙型ワークシート

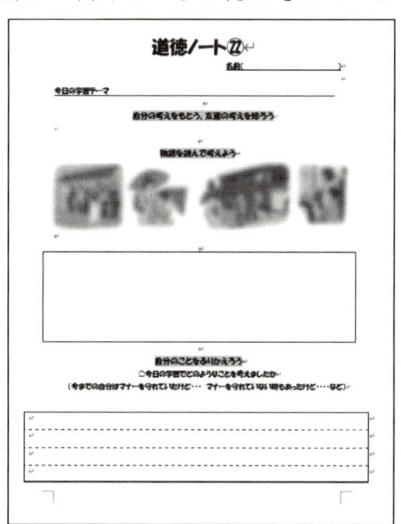

ワークシート

6 役割演技や動作化などを効果的に行うには

1 目的に応じて役割演技と動作化を取り入れる
2 役割演技と動作化を行える
　雰囲気づくりや環境づくりをする
3 演技する側には、集中する仕掛けを、
　見る側には視点を与える

1 役割演技と動作化の違い

　表現活動の工夫である役割演技と動作化は実際に体を動かしながら表現する指導方法ですが、この2つは、次のように似ているようで異なるものです。

役割演技…教材の登場人物になりきって教材にない部分を創造的に演じる
動作化……教材の登場人物になりきって教材にある部分を追体験する

　役割演技は自分自身を登場人物に投影させ、教材にない部分を演じるため、子ども一人一人の価値観が表れやすい活動です。一方、動作化は、登場人物になりきり、動作を追体験することでそのときの登場人物の心情や考え、感じ方や考え方などをより深くとらえることができる活動です。効果が異なるので、どのような意図でどの場面でこれらの活動を取り入れるのかをしっかりと考えて生かすようにしましょう。また、役割演技や動作化はそれを行うこと自体が目的ではなく、子どもが道徳的価値への理解を深めるための一つの手段であるということを忘れないようにしましょう。

2 役割演技や動作化を行う下準備はできているか

　いざ役割演技や動作化をしてみても子どもがふざけてしまい、うまくいかないことがあります。なぜ、そのようなことが起きてしまうのでしょうか。

原因1：安心して役割演技や動作化を行える学級の環境が整っていない

　信頼関係がない環境の中でいきなり「登場人物になりきり演じてみましょう」と言われても、演じることは難しいでしょう。誰にも否定されず、お互いを、

認め合える人たちだと感じて初めて「やってみようかな…」と思えるのです。そのためにもまず、安心して自分の考えを表現できる学習環境を整えましょう。これは道徳科の授業すべての時間において大切なことです。

原因2：子どもが教材に入り込めていない

役割演技を例に考えてみましょう。子どもは教材に引き込まれていればいるほど登場人物に自分を投影し、自然に演じることができます。ふざけてしまうのは話の内容を十分に理解していない、登場人物がわからない、考えることが理解できていないからなのです。まずは子どもが教材に入り込めるようにその場の状況を設定しましょう。

3 役割演技や動作化を効果的にする手立て

（1）はじめの合図をわかりやすくしよう

演技や動作化に入る瞬間は自分と登場人物が入れ替わるスイッチが必要です。「よーいアクション！」「よーいはじめ！」などという言葉とともに音を鳴らしたり手を叩いたりして、いつ始まるのか行う人にも見ている人にもわかりやすい合図を出してあげる工夫も効果的です。

（2）視点や意図を示そう

役割演技では、見ている人に視点を示すことも大切です。演じている人と自分の考えの似ているところや違うところ、なるほどと思った言葉など、活動に合わせて何を意識して見ればよいかなどの視点を示すようにしましょう。

動作化では動作化をする意図を伝えましょう。登場人物になりきって気持ちを考えるのか、心の変化を感じるのか、本時のねらいについて考えるのか、動作化をする前に伝えることが大切です。意図を示すことで子どもは意識して行うことができます。

（3）なりきれるアイテムを用意しよう

発達の段階に合わせて登場人物になりきれるアイテムを用意しましょう。お面は、繰り返し使えるようにしておくと準備も楽になります。

おめんの土台　　　登場人物の挿絵を入れて首から下げるおめんタグ

7 話し合いを盛り上げる 板書をどうつくる?

1 板書は何のために書くのか
2 板書には挿絵を貼る
3 子供と一緒に盛り上げる板書とは

1 板書を書く目的

　道徳科の板書には「正解の型」のようなものはありません。そこに道徳科の板書の難しさ、楽しさがあります。道徳科の板書で大切なことは以下の5つです。

① 子どもの思考の流れを表す
② 子どもの考えの変容が見えるようにする
③ 人間の弱さやもやもやを映し出す
④ 多様な考えを整理して表す
⑤ 新たな発見につながるきっかけを置く

「子どもは国語の時間は下を見て、道徳の時間は上を見る」と言われることがありますが、道徳科の授業の答えは自分の中にあります。決して教科書の中にはありません。子どもが上を見て考え始めたら自分自身と対話している証拠です。その手助けとなるものが板書です。まず1つでよいので「今日の板書で何を残すか」を意識して書いてみましょう。

2 板書に生かしたい挿絵とは

　板書に生かすと効果的なものに、挿絵があります。どの発達の段階でも<u>教材</u>の挿絵は効果があります。「高学年ならわかるだろう」「短い話だから大丈夫だよね」などと思い込まず、板書には挿絵を貼る工夫を試みてみましょう。

　もちろん挿絵を貼らない授業も考えられますが、黒板に少しの挿絵やイラストなどが配置されることで話し合いの焦点にもなり、足場にもなります。

挿絵を生かす場合におすすめしたい方法として次の3つがあります。

（1）必要に応じて挿絵に登場人物の名前を書いておこう

教材を読む前に登場人物の名前を書いた挿絵を使いながらあらすじを話してあげましょう。子どもは安心して教材に入り込むことができます。

（2）状況や境遇がわかりにくい教材は把握できる挿絵を見せよう

子どもと関わりの薄い状況や境遇、設定（実在の人物、外国の設定など）はそれらがわかる挿絵を先に見せ、少し補助的な説明をすることで「〇〇って何ですか？」というような子どもの質問に答える時間を減らすことができます。

（3）話の流れを確認しながら挿絵を見せよう

教材を読み終わった後、挿絵を貼りながら話の流れを再度確認することで、子どもが話の流れを2回確認することができ、安心して学習に取り組むことができます。

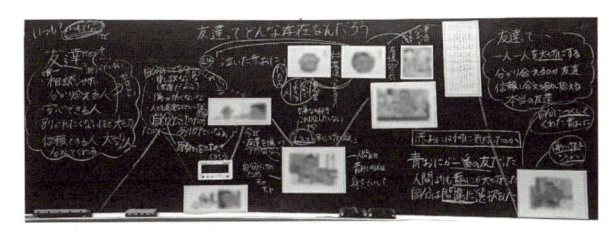

3 子どもと一緒につくって話し合いを盛り上げる

まずは子どもの考えを聞いて受け止めましょう。その上で板書を書きます。考えを書くときに「どっちに近い？」「この考えと似ているってことで合っているかな？」などと位置を確認しながら書くと子どもと一緒に板書をつくり上げることができます。発言が苦手な子どもも参加しやすい板書を目指しましょう。そのためには、子どものつぶやきを拾うことが大切です。つぶやきには考えを深めるヒントがあります。また、似ている考えの人を挙手させて大体の人数を示して、囲ってみましょう。意思表示も学習に参加している立派な行為です。こうすることで発言が苦手な子どもも共に考え参加することができます。

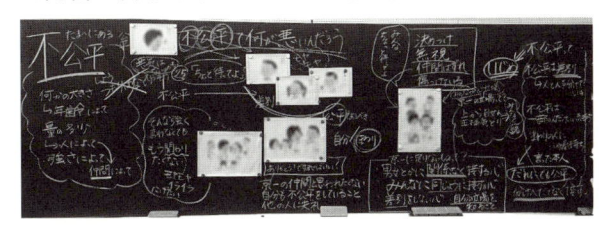

8 授業の中で教師の説話をどのように生かす?

1 説話によって、
　道徳的価値を一層身近にする
2 効果的な説話になるように、内容を工夫する
3 授業の終末に心に響く説話を

1 説話の役割とは何か?

　説話とは、教師の体験や願い、さまざまな事象についての感じ方や考え方などを語ったり、日常の生活問題、新聞、雑誌、テレビなどで取り上げられた問題などを盛り込んで話したりすることであり、ねらいの根底にある道徳的価値をより身近に考えられるようにするものです。教師が意図をもって話をすることは、子どもの思考を一層深めたり、考えを整理したりすることに効果的です。

　また、説話には教師の人間性が表れます。教師が自らを語ることで子どもとの信頼関係が増し、子どもの心情に訴え、深い感銘を与えることができます。そのため、教師は、どのような内容がふさわしいのかを吟味したり、話の進め方などを工夫したりすることが大切です。叱責、訓戒や行為、考え方の押し付けにならないように留意しましょう。

2 どのように工夫したらよいのか?

「道徳的な話をしなければ…」と気負いすぎると、お説教のようになってしまったり、教師の思いの押し付けになってしまったりすることがあります。上でも述べたように、説話はねらいの根底にある道徳的価値をもとに、内容や進め方などを工夫することが大切です。具体例を紹介します。

(1) 教師自身の体験や思いを話す

　ねらいに関わる教師自身の体験や思い出、そのときに感じた気持ちや振り返って思うことなどを語ります。例えば高学年の「希望と勇気、努力と強い意思」

について考える授業では、話し合いを通して「あきらめずに努力しよう」「困難にも立ち向かいたい」といった気持ちが高まります。そこで、教師自身が夢を抱き努力したり、難しいことに挑戦したりした経験やそのときの思い、振り返って今思うことなどを語ると、「先生も迷ったり悩んだりして乗り越えてきたのだな。自分も

校長先生の説話

がんばろうかな…」と思うかもしれません。また、低学年での「よりよい学校生活、集団生活の充実」について考える授業では、校長先生に校歌の意味や学校・子どもたちへの思いを語っていただくことで、校歌や学校への愛着を深めるきっかけとすることができます。

（2）実物や実際の記録、写真などを生かす

　ねらいに関わる身近なできごとについてふれながら話すときは、実物を提示するとなお効果的です。例えば中学年で「規則の尊重」について考える授業では、日常の生活問題を取り上げ、実際に校内に掲示してあるポスターを紹介し、委員会の子どもがどのような思いで作成したのかを伝えることで、規則を守り学校生活をよりよくしようという意識の向上につなげることが

できます。また、低学年の「家族愛、家庭生活の充実」について考える授業では、一定の配慮は必要ですが、終末に保護者からの手紙を各々に渡して読む場を設定し、親からの無償の愛について伝えることで、話し合いで気付いた家族愛のすばらしさを実感することでしょう。テレビやインターネットで取り上げられている身近な話題を取り上げる場合は、実際の新聞記事や写真、映像などを提示すると効果的です。また、著名人の写真を提示しながらその人の名言を紹介したり、絵本を見せながら一節を読み聞かせしたりすることも効果的です。

3　授業の終末にこそ心に響く説話を

　教師の説話は授業の終末に設定することが広く見られます。友達と話し合いながら気付いた道徳的価値の意義を、教師の言葉でさらに価値付けることができます。すべての授業で説話が効果的だとは限りませんが、子どもの心に響く説話となるように、普段からアンテナを高くして、子どもの実態に即した内容や進め方を考えていくとよいでしょう。

9 子どもがICT端末をどのように用いると効果的?

1 自分の考えや友達の考えを知るツールとして活用する
2 便利な機能を活用して、効果的な指導を行う
3 ICT端末の活用は手段であり、
　目的ではないことを常に意識する

1 アンケート機能を用いて自分や友達との関わりで考える

　授業の導入時に、教材や考えたい道徳的価値に関連した発問をすることはよくあり、「命ってどんなもの?」「本当の自由って?」など、内容項目や教材、子どもの実態に合わせた発問をします。その際、ICT端末を活用すると効果的です。例えば、導入時にアンケート機能の1つであるテキストマイニングを使います。子どもたちが現在の自分の考えを端末に入力したものを集約して全体で共有します。すると、現在の自分の考えを俯瞰して瞬時に結果を共有することができます。学級全体の傾向を共有した後、展開時に話し合いを通して考えを深めていきます。そして、終末時に導入と同じようにテキストマイニングを使い、導入時の画面と比較すると、考えの変容が視覚的にもとらえやすくなります。

　例えば、「礼儀」について考えたある授業では、導入時の「礼儀ってどんなこと?」という問いに対して、右図のように言葉遣いやあいさつ、などの行為が多かったのですが、終末では思いやりや相手を敬うなどの相手に対する言葉が増えたことが一目でわかり、礼儀とは相手を尊重する行為だという考えを深めていることがとらえられました。

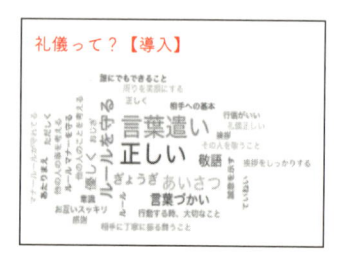

テキストマイニングでの授業前後の変化

また、登場人物に自分を重ねて考える場面でもICT端末の活用が効果的です。ポジショニング機能を使い、教材の登場人物の言動に焦点を当てて、自分ならどのように対応するのかを共有します。「自

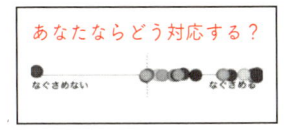

ポジショニング機能

分なら〇〇するのに、登場人物はなぜ●●したのだろう」などの疑問をもち、自分との関わりで内容項目について考えていきます。さらに「自分は〇〇するのに、全体では■■する人が多いのだな。どうしてだろう」などのように、友達の考えを知りたい気持ちが高まることも期待できます。

2 便利な機能を活用して、効果的な指導を

ICT端末を活用すれば、オンラインでゲストティーチャーの講話を聞いたり、質問したりすることも可能です。また、ICT端末を思考ツールとして活用することは自分の考えを深めるのに効果的です。例えば、「節度、節制」について考える授業では、教材文に書かれた登場人物の行動に着目して、よりよい行動を

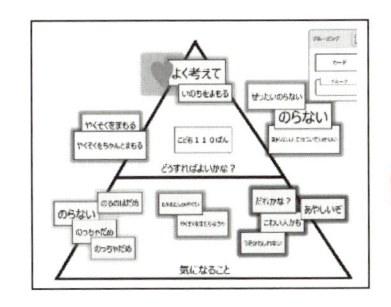

考えます。このとき端末にあるピラミッドチャートにグループごとにまとめていきます。それを全体で共有して、共通点や相違点について考えていくと、その過程で内容項目の大切さについて考えを深めることができます。また、チャット機能を使って思ったことを文字化することは、グループや学級全体で話し合うときに効果的です。各々の思いを瞬時に共有できたり、発言が苦手な子どもでも比較的抵抗なく話し合いに参加できます。

この他にも、心情メーターを端末に投影して友達と交流したり、終末の振り返りを端末に入力して自分の変容を確認したりするのも効果的な方法です。

3 ICT端末の活用は、学びを深めるための道具

ICT端末はとても便利な学習ツールです。しかし、端末の活用そのものが目的ではありません。子どもが、道徳的価値についての理解をもとに、自己を見つめ、物事を多面的・多角的に考え、自己の生き方についての考えを深める学習を行うために、その手段や有効な道具として生かし方を工夫しながら用いるように努めましょう。

10 授業での個別指導や机間指導はどうすればよいのだろう

1 どの子も安心して学習するための個別指導を行う
2 目的を明確にして、効果的な机間指導を行う
3 効果的な机間指導のコツ

1 どの子どもも安心して参加できるように

　学校現場も多様化し、さまざまな配慮の必要な子どもがいます。どの子ども
も安心して道徳科の学習ができるように、授業者は個別指導をする必要があり
ます。例えば、学習上の困難さを感じている子どもには、ワークシートにどの
ように記入するのかを個別に補足説明したり、自分の思いを文字にすることが
苦手な子どもには、対話を通して思いを聞き出したりするなどの支援をします。
こうした個別指導をするためには、子どもの実態をとらえることが大切です。
そこで、日頃から一人一人の様子を見て実態を把握することに加え、授業中の
様子を観察するようにします。限られた授業時間の中で効果的に子どもの実態
を把握するために、机間指導を効果的に取り入れましょう。

2 効果的な机間指導をするためには、目的を明確に

　机間指導には大きく以下の2つの目的があります。

（1）学級全体が活動内容や考えたい課題を把握しているかを確認する

　まず、発問の内容が伝わっているかなど活動の様子を確認するために、短時
間で全体を見ることです。配慮が必要だと考える子どもについては、より細か
に見ておくとよいでしょう。そして、全体を見て修正が必要なことがあれば、
補足説明をしたり、わかりやすい言葉に言い換えたりするようにします。

（2）一人一人の考えを把握し、展開時の話し合いや学級全体の学習への生かし方を考える

　もう1つは、個に目を向けていき、子どもがどのようなことを考えているのかを把握していくことです。このとき、子どもに「なるほどね」「〇〇という言葉について、もう少し詳しく知りたいな」などと声をかけていき、子どもの考えを価値付けたり、揺さぶったりするとよいでしょう。子どもは安心して発表することができ、教師が個々の考えを手持ちの座席表などに記録しておくと、全体交流のときに意図的に指名することができます。こうした指導によって、多面的・多角的な話し合いができ、授業の活性化につながります。漠然と見て回るのではなく、目的を明確にして机間指導をしましょう。

3 ちょっとしたコツで、机間指導がより効果的に

　効果的な机間指導をするためには、ちょっとしたコツがあります。1つ目は、右図のように見て回るルートをあらかじめ決めておくことです。ルートは机の隊形や配慮の必要な子どもをどこに配置しているかにもよるので、自分が回りやすいルートを見つけるとよいでしょう。2つ目は先に述べたように、全体を俯瞰して見るときは、短時間で回り、一人一人の考えを把握するときには、ゆっくりと見て回り、言葉をかけていきます。ここでは、子どもが安心して教師と対話できるように、年齢が低ければ低いほど、子どもの目線に合わせるとよいでしょう。授業時間は限られているので、机間指導は時間を決めて行い、タイマーなどを活用することも考えられます。

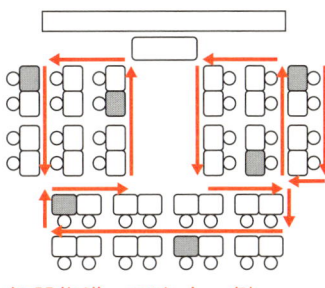

机間指導の巡り方の例

子どもの目線に合わせて対話

　机間指導をする機会は、中心的な発問の後と終末の振り返りを書いているときが多いと考えられます。振り返りを書いているときには、配慮が必要な子どもへの支援はもちろんですが、ねらいとする道徳的価値に迫る記述をしている子どもや、導入時の考えとの変容が大きい子どもなどを意図的に指名し、その考えを全体に広げることで、よりよい学びにつなげることができます。

道徳授業で「いじめ」などの問題にどう向き合う？

　道徳科の授業においても、子どもたちの身近で切実な問題や社会的な問題、現代的な課題などの解決に力を発揮できる子どもの育成が求められています。

　例えば「いじめ」などの問題について、道徳科ではどのように指導をしていけばよいのでしょうか。

　まず、考えられるのが、いじめを題材とした教材を活用して授業を行うことです。道徳科の教科書にもそのような教材が掲載されています。その教材の内容にもよりますが、どんなことが問題となっているのかを子どもたちが見つけられるようにしたり、登場人物に自分自身を重ねながら、いじめる側、いじめられる側、傍観者の立場に立って考えられるようにしたりしていきます。しかし、道徳科では「道徳性」という心を養っていくことを目標としているので、いじめを未然に防いだり、解決したりする具体的な方法を話し合って答えを出すというものではありません。一般的に一単位時間の道徳科の授業では、1つの内容項目を手掛かりとしながら指導を行います。ですから、その教材を活用することを通してたどり着こうとする道徳的価値のよさや難しさについてしっかり考え、その内容項目に含まれる道徳的価値の大切さを自分の心に刻んでいくのです。

　また、いじめを題材とした教材を活用しなくても、いじめの未然防止などに必要な内容項目はたくさんあります。例えば、「個性の伸長」「親切、思いやり」「相互理解、寛容」「公正、公平、社会正義」「生命の尊さ」などです。こうした内容項目を手掛かりとしながら道徳科の授業を着実に行っていくことが、いじめの問題に対応することになるので、教師はそのような意識をもち、他の教育活動とも関連を図りながら指導を行っていくことが重要です。

第 5 章

道徳の
学習評価

1 評価を子どもの生活や生き方とつなげよう

1 教師がよしと思う人格のみが
　評価されることはあってはならない
2 評価は、教師が自らの授業を振り返って授業改善を
　図り、子どもの心を育てることに生かしていく
3 子どもの前向きな学びの姿を認め、励ます

1 評価のイメージは?

「評価」という言葉にどのような印象をもっていますか。おそらく、子どもたちの学力などを評価するために試験を行い、点数の上位の者をAや◎、下位の者をCや△、その他の中間層をBや〇として評定を付ける。これが一般的な評価のイメージかもしれません。また、このように評価された経験は誰にでもあるのではないかと思います。しかし、改めてこのように言葉にしてみると、何だか評価は冷たくシビアなものに感じます。どうしてなのでしょうか。それは、教師が子どもたちを格付けしているかのようであり、常に子どもが教師の支配下に置かれているような存在に見えるからです。

　道徳科の指導は、子どもの道徳性、言い換えると人間らしいよさを養うために行われています。しかしもし、このような態度で教師が子どもの道徳性を評価したらどうなるのでしょう。教師の思う通りの人格がよしとされ、そうでなければその子どもの人格を否定することにもなりかねません。そもそもその教師が模範として描く人格が唯一の正しいものという保証はどこにもありません。さらに、教師の指導により意図する方向に向かった子どもは高く評価され、教師の指導は成功したということになり、意図しない方向に向かった子どもの方が悪く、低く評価されてしまったら大変なことです。この場合、教師が主体であり、教師の指導に変化や改善は見られず、子どもは標本のような扱いになってしまいます。このような評価はあってはならないことです。

2 評価は何のために？

　では、評価は何のために行うものなのでしょうか。子どもたちの評価については、学習指導要領「第1章　総則」に次のような言葉で示されています。

「児童のよい点や進歩の状況などを積極的に評価し、学習したことの意義や価値を実感できるようにすること」
「学習の過程や成果を評価し、指導の改善や学習意欲の向上を図り、資質・能力の育成に生かすようにすること」

　つまり、評価は、子どもを肯定的に受け止めながら、子どもが学習によって獲得したものを価値付けるものであり、教師が自らの授業を振り返って授業改善を図りながら、子どものさまざまな力を育てることに生かしていくもの、ということになります。

3 道徳科における評価

　道徳教育は全教育活動を通じて指導することを基本的なスタンスとしながら、週1回の道徳科の授業での指導を道徳教育の要としています。道徳教育の目標には「よりよく生きるための基盤となる道徳性を養う」と示されており、この言葉は、道徳科の目標にもある言葉です。つまり、道徳性を養うことが、全教育活動を通じて行う道徳教育でも、道徳科の授業でも目標となっているわけです。

　はじめに全教育活動を通じて行う道徳教育での評価を考えてみましょう。これは、全教育活動の中で子どもたちを評価していきます。子どもの心に備わっていた道徳性が道徳的行為として表れている姿を見たときに、そのことを認めたり、励ましたりすることが考えられます。道徳科の授業で、子どもの道徳性そのものを評価することは困難です。ですから、子どもたちがどのように学んでいるか、その前向きな学びの姿を認め、励ます評価を行います。そして評価は子どもたちの道徳性や学習状況を見取るだけのものではありません。常に教師は自らの指導を振り返り、その改善を図っていくための授業に対する評価も不可欠です。

　いずれにしても、評価は、子どもたちが希望をもって生活し、これからの生き方に生かしていけるようにするための大切なものです。教師は子どもに寄り添いながら、子どものよさを認め、励ます評価を行っていきましょう。

2 道徳科の評価は何を大切にするの?

1 合い言葉は「みんなが笑顔に」
2 わかって安心、道徳教育に関する
2つの評価の違い

1 子ども、保護者、教師、みんなが笑顔になれる評価を大切に

　担任の教師からの愛情のこもった一言や評価は、子どもたちや保護者の方にとってかけがえのない宝物です。道徳科の評価は、「児童生徒の成長を認め励ます個人内評価」ですから、通知表を受け取り、教師からの道徳科の評価を読んだ子どもたちにとっては、何にも代えられないものとなります。それと同時に、評価をする教師にとっては、子どもたちと信頼関係を築き、子どもたちをやる気にさせる大きなきっかけにもなるのです。

　通知表を受け取り、道徳科の評価を読んだ子どもが、「先生は、ぼく（わたし）のことをこんなふうに思ってくれていたんだ！」と、うれしくてつい笑顔になる。そして、子どもの笑顔を見た保護者も「先生は、うちの子をこんなふうに思ってくれていた！」と、子どもと一緒に笑顔になれる。今度は、その話を聞いた教師も笑顔になれる。そのような心温まる評価をすることができたら、何より最高ですね。

2 道徳教育に関する2つの評価

　「道徳科の評価は、何を書いたらよいですか？」「運動会や合唱祭のことを書いてもよいのでしょうか？」「道徳科の授業のことだけを書くのですか？」など、このような疑問をもった方もいるのではないでしょうか。

道徳科の評価の仕方がわかりづらいと言われる理由に、道徳教育に関する評価に2つの側面があることが挙げられます。1つは学校の教育活動全体を通した道徳教育の評価、もう1つは道徳科の授業における学習状況の評価です。

　1つ目の学校の教育全体を通した評価は、運動会や合唱祭などを含めたすべての教育活動が評価の対象となります。これらのことは一般的には、通知表や指導要録の所見欄、そして行動の記録などに記されます。それは学校行事でのがんばりかもしれませんし、友達に優しくする日常の姿かもしれません。また、道徳科以外の授業の様子もこちらに含まれることになります。

　そして、2つ目の道徳科の学習状況の評価がその授業内で行う評価となります。したがって通知表の「特別の教科　道徳」の欄は、道徳科の学習状況や道徳性に係る成長の様子を記すこととなります。イメージとしては「総合的な学習の時間」の評価に近いかも知れません。気を付けることは、道徳科では、道徳性そのものを評価するのではなく、道徳性を養うために行われる学習活動において子どもがどのように学んでいるのか、その学習状況及び道徳性に係る成長の様子を継続的に見取り、評価するようにすることです。

　この2つの評価の違いを理解することが、道徳科の評価をする際にまず大切になります。この2つの評価の違い、そして評価を記述する通知票と指導要録のそれぞれの押さえどころを整理すると、表のようになります。

通知表や指導要録における2つの評価の書き分け

	通知表	指導要録
学校の教育全体を通した道徳教育の評価	総合所見、生活の様子 ・授業中の様子、学校行事での活躍、清掃中や日常の部活動での姿など	総合所見及び指導上参考となる諸事項等、行動の記録、特別活動の記録など
道徳科の評価	特別の教科　道徳 ・道徳科の学習状況 ・道徳性にかかる成長の様子	特別の教科　道徳 ・1年間を通した道徳科の学習状況 ・1年間を通した道徳性に係る成長の様子

3 道徳科で評価する学習状況とは?

1 4つの学習活動で道徳性を養う
2 明確な指導観を生かして評価する
3 評価の充実のためにどんな工夫ができるか

1 道徳科で評価する、4つの学習状況

　道徳科の評価は子どもたちの道徳性そのものを評価するものではありません。また、誰かと比較するものでもありません。道徳科の授業の中で、子どもたちはそれぞれ異なった成長の姿を見せます。その学習状況の成長の様子を見取り、成長を後押しする思いで評価をする、これが道徳科の評価です。

　具体的に、道徳性を養うために行われる学習活動とは、どのようなことをいうのでしょうか。学習指導要領における道徳科の目標を手掛かりにすると、次の4つの活動が見えてきます。

> ① 道徳的諸価値のよさや難しさについて感じているか。
> ② 自己を見つめ、自分事として受け止めているか。
> ③ 一面的な見方から多面的・多角的な見方へと変化しているか。
> ④ 道徳的価値のよさを自分との関わりで考えているか。

2 明確な指導観があれば、学習状況を評価しやすくなる

　授業は子どもの学習が中心となりますが、それを主導するのは教師です。本時の授業を行うに当たり、ねらいとする道徳的価値や子どもたちの実態について考えたり、発問を検討したりします。ここに教師の指導観が表れます。この指導観や指導の意図などが明確であればあるほど、子どもたちの学習状況を見取ることが容易になります。それは、教師が設定した「子どもたちに考えさせたいこと」を目安として評価をすることが基本になるからです。

例えば、本時のねらいに「親切にすることのよさを考える」という学習が表記されていれば、教師はその視点に沿って学習状況を見取ることになります。親切にすることのよさは、「親切にした人も親切にされた人も気持ちがよくなること」かも知れませんし、「親切にすることで温かい気持
ちになれること」かも知れません。親切にすることのよさは一人一人違いますが、このように、本時のねらいが明確になっているからこそ学習状況の評価ができるのです。また、子どもの中には、「友達の考えが自分の考えと違ったので、自分の考えがより深まりました」というように、他の人と比べて考える子どもや「以前の自分はこうだった」などと、自己を見つめる子どももいます。気を付けることは、特定の授業で評価するのではなく、学習状況や成長の様子を授業を重ねながら書き溜めていき、年間、または学期を通して子どもの評価をすることです。これを「大くくりなまとまりを踏まえた評価」といいます。

3　評価を充実させるための配慮と工夫

　担任をしていると道徳科だけではなく、国語、算数などの他教科の指導や行事に向けての計画、保護者対応など、さまざまな業務があります。その中で、道徳科の授業を行う度にすべての子どもの様子を記録し、評価をすることは困難を極めます。そこで、授業ごとに数人ずつ評価を書き留めていくことは1つの効果的な手立てとなります。つまり学期を通して、1人につき授業数回分の評価が書かれているイメージです。

　また、道徳ノートやワークシートなどに書く活動やICT端末を活用し、子どもたちが自己の気持ちや考えを記録したものを活用することも、評価のための有効な資料となります。しかし、評価をするために書かせるわけではないので、何のために書くのか、ということを忘れてはなりません。

　最後に、子どもの中には、発表をすることも書くことも苦手な子どもがいます。そのような子どもに対しては、例えば授業中、または授業が終わってすぐの休み時間などに、そっとそばに行き、「今どんなことを考えたかな？」「今日の授業どんなことを思ったの？」などと声をかけるとよいでしょう。

④ 「数値などによる評価は行わない」とはどういうこと?

1 目に見えない道徳性は数値でははかれない
2 じっくり養うものだから、
　数値ではなく学習状況となる
3 学習状況を記述により認め励ます

1 道徳性を数値で評価することはふさわしいのか

　道徳科は、一言でいうと「道徳性を養う教科」です。「道徳性」を簡単な言葉で表すと「(よりよく生きようとする) 心」がしっくりきます。しかしこの「道徳性」または「心」を数値で評価することは、とても難しいことです。

　例えば、学期末に通知表を受け取り、それを見ると「道徳性：できる」と書かれているとします (3段階では、できるは「2」、よくできるは「3」とする)。

　このとき子どもは「なぜ3ではないの？」などと自分を否定されたような悲しい気持ちになり、ショックを受けるにちがいありません。反対に「道徳性：よくできる」と書かれていたとしても「本当かな？自分なりに直したいところがたくさんあるのだけれど」と感じ、決してうれしいものではないかもしれません。このように、道徳性を数値で評価することは、人格を決め付けることにもなり、その数値が高くても低くても複雑な思いになりがちで、道徳科は数値による評価になじまないのです。

　このように、道徳科はその特性から国語や算数などの数値で評価される教科と大きな違いがあることがわかります。このことが、道徳科が「特別の教科道徳」と呼ばれる所以の1つです。

2 道徳性が養われたかどうかを評価することの難しさ

　数値などによる評価は行わない道徳科の授業で、「子どもたちの道徳性が養われたかどうか」は、どのように評価するとよいのでしょうか。

道徳科の授業で「友達と仲よくすることの大切さ」を学習し、「友達と仲よくすることは大切なことだから、これからは友達の気持ちを考えて行動したい」とワークシートに書いていた子どもが、そのすぐ後の休み時間にドッジボールで、友達と意見がすれ違い、けんかをして帰ってくる、このようことはよくあります。「授業ではあんなに立派なことを書いていたのに、どうしてだろう」と、担任としての力不足を感じる場面です。しかし、考えてみるとこれは当たり前のことです。私たち大人でも、すてきな言葉に感銘を受けたり、スポーツ選手に憧れたりし、「よし、今日からは生まれ変わった気持ちでがんばるぞ」と思っても3日しか続かないことがよくあります。大人でも子どもでもそう簡単に変われるものではありません。道徳性や人間性というものは長い時間をかけて養い、磨き続けていくものなのです。

　また、「正直、誠実」や「善悪の判断、自律、自由と責任」などについて考えてみても、毎回必ずよい行いができるわけではなく、そのときによってできたりできなかったりするものです。これも至極当然なことです。

　以上のようなことから、道徳性が養われたかどうかを見取ることはとても難しいことです。道徳科では、子どもの学習状況や道徳性に係る成長の様子を継続的に見取り評価することを大切にしています。

3　道徳科だからこそできる評価

　道徳科の評価は、通知表では「特別の教科　道徳」という、まさに特別な場所に位置付けられています。そこで、数値による評価ではなく、個別的、記述的な評価記述だからこそできる特別な評価を心がけましょう。

　例えば、どうしても自分の考えにこだわり、友達の考えに興味を抱けなかった子どもが、道徳科の授業を重ねる中で友達の考えと自分の考えを比べ、一面的見方から多面的・多角的な見方へと変化していたこと。または、振り返りを書く際、「今までの自分は〇〇だった」と深く自己を見つめていたことなど、道徳科の授業だからこそ見られる様子を評価に残せると、それを読んだ子どももきっと笑顔になれるはずです。道徳科の評価は、このように子どもへの共感的な理解に立つ温かなものなのです。

5 道徳科で大事にする「個人内評価」とは?

1 教育活動には3つの学習評価の考え方がある
2 道徳科が「個人内評価」であることの理由
3 子どもの「自己評価」を「個人内評価」に生かす

1 道徳科は、子どものよいところを認め励ます「個人内評価」

学校の教育活動における学習評価には、次のような3つの考え方があります。

個人内評価	目標に準拠した評価	集団に準拠した評価
一人一人のよい点や可能性、進歩の状況について評価	学習指導要領に示す目標に照らして、その実現の状況を見る評価	学級又は学年等の集団における位置付けを見る評価
「認め励ます評価」	いわゆる「絶対評価」	いわゆる「相対評価」
 道徳科の評価	各教科等の評価	入試の判定等

　国語や算数等の各教科では、1単位時間の授業の中で、「〜ができるようにする」や「〜を理解できるようにする」といった目標を設定して、日々、授業を行います。そして、設定した目標にすべての子どもが到達するよう指導します。なぜなら、到達できなかった子どもは、次の授業で困るからです。

　このように、教師が設定した目標に照らして、到達できているか、到達できていないかを見取る評価を、「目標に準拠した評価」と言います。平成12年度以降、各教科等においては、「目標に準拠した評価」を実施しています。

　「相対評価」は、例えば、Aランクは30%、Bランクは50%、Cランクは20%

と評価等の枠を定めて、そこに当てはまる割合で決めていく評価です。集団での位置付けが、わかりやすくなります。

では、「個人内評価」とは、どのような評価でしょうか。

シンプルに言えば、他者と比べない、その子ども自身のよさを見取る評価のことです。どの子どもにも、その子なりの成長や努力したことがあるはずです。子ども一人一人のよい点や可能性、進歩の状況などを積極的に見取り、さらに伸ばしていくように認め励ます評価を、「個人内評価」と言います。道徳科の評価は、この「個人内評価」で行います。

2 道徳科における「個人内評価」は、何を見ていくのか

道徳科は、個人内評価ですから、子ども一人一人のよさや努力点を見ていきます。つまり、授業中に子どもが頑張った様子など、一人の中の学習状況を見取っていきます。右下の図を見てください。

国語や算数等の各教科は、目標に到達しているかどうかを見取るので、矢印の丸囲みの部分を見ることが多いと言えます。

それに対して、道徳科は、矢印の四角囲みの部分を見ていきます。子どもが、目標に向けてどのような学びをしているのか、その学びのプロセスを見ていきます。

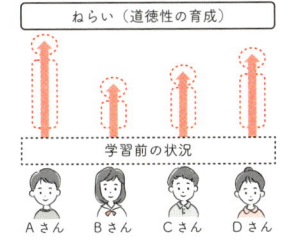

しかし、道徳性は、目に見えない内面的資質ですので、育成できたかどうかは、なかなか判断できません。道徳性は、子どもの成長とととともに、徐々に育成されるものです。週1時間の道徳科の授業を確実に実施していけば、子どもの学習の様子や学び方にも成長が見られるようになります。その成長の様子や頑張りを見取り、認め励ますことが、道徳性の育成につながっていきます。

3 「個人内評価」とは、子どもが自分で行う評価ではない

「個人内評価」は、子どもが自分で行う自己評価ではありません。授業を行う教師が、一人一人の子どものよさや頑張りを把握し、認め励ます評価です。

自己評価は、子どもの学習活動の一部であり、子どもが自分のよさに気付き、意欲を高めたり、学び方を改善したりすることに役立つのはもちろんですが、教師にとっても子どもの学びの傾向をつかんだり、授業改善の資料として役立てたりすることができます。

6 道徳科では特にどんな 視点に着眼して評価するの?

1 道徳科の学習状況とは、
　4つの学習活動を行う子どもの姿
2 2つの視点で、子どもの学習状況に把握する
3 2つの視点で、
　期待する子どもの学習状況を想像する

1 道徳科の学習状況は、単に書いたり、話したりではない

　学習状況とは、授業中の発言、ノートやワークシートの記述、グループでの話し合い等の子どもの学びの様子のことです。しかし、以下のようなものは、道徳科として趣旨に即した学習状況とは言いません。

> 例1……「自分の考えをきれいな字で丁寧に書いている」
> 例2……「たくさん手を挙げて発表することができている」
> 例3……「自分の考えを大きな声で堂々と説明できている」

　道徳科の学習状況とは、道徳科の目標に示されているような以下①〜④の学習活動を行っている子どもの学びの姿のことです。

> ①道徳的価値を理解する　　　②自己を見つめる
> ③物事を多面的・多角的に考える　④自己の生き方についての考えを深める

　①の道徳的価値を理解するとは、観念的な理解にとどまらず、その大切さの理解と同時に、実現することの難しさや多様な感じ方や考え方があることを理解することです。①〜④の学習の様子は、明確に区別することは難しい場合があります。そこで、次の2つの視点に着眼していくとよいでしょう。

2 道徳性の育成につながる学習状況〜2つの視点で着眼しよう〜

　道徳科の授業は、よりよく生きるための道徳性の育成を目指して行われます。そのためには、道徳科の授業の中で、子どもが「いろいろな見方で考える」「自分事として考える」ことが大切です。「いろいろな見方で考える」「自分事とし

て考える」を、道徳科の目標に照らして言えば、次のようになります。

> (1) 一面的な見方から多面的・多角的な見方へと発展させている
>
> (2) 道徳的価値の理解を自分自身との関わりの中で深めている

　(1) と (2) の視点で、子どもの学習状況を把握していくことが大切です。

　(1) が「いろいろな見方で考える」、(2) が「自分事として考える」に当たります。

3　期待する子どもの学習状況を具体的に描く

(1) 一面的な見方から多面的・多角的な見方へと発展させている姿…評価の視点（例）

> A：洋服を汚した立場と洋服を汚された立場の両方の思いを比べながら考えている
> 　　　　　　　　　　　　　　　　　　教材「黄色いベンチ」（低学年）
> B：サムを受け入れるときのさまざまな考え方について、発言したり書いたりしている
> 　　　　　　　　　　　　　　教材「ブランコ乗りとピエロ」（高学年）

　Aは、ある問題に対して、さまざまな立場や視点から、そのときの心情を考えている姿といえます。

　Bは、自分と違う感じ方、考え方等を理解しようとしている姿といえます。

　多面的・多角的な見方というのは、物事をさまざまな視点から見たり考えたりすることです。例えば、親切には「見守る親切」や「手を差し伸べる親切」等があります。また、「親切」は大切だとわかっていても、恥ずかしさや自信の無さから、なかなか実践できない難しさもあります。このように、さまざまな考え方・感じ方があることを理解できるようにします。

(2) 道徳的価値の理解を自分自身との関わりの中で深めている姿…評価の視点（例）

> A：オオカミの立場になって、親切にする気持ちよさについて考えている
> 　　　　　　　　　　　　　　教材「はしの上のおおかみ」（低学年）
> B：よしこの行為について、自分ならどう行動するか、きまりやマナーを意識しながら考えている　　　　教材「雨のバスていりゅう所で」（中学年）

　Aは、読み物教材の登場人物を自分に置き換えて考えている姿といえます。

　Bは、「規則の尊重」に基づき行動することの難しさや大切さを、自分事として考えている姿といえます。

　読み物教材で学習する場合、それを読み物の事例であり他人事として受け止めるのではなく、自分事として受け止めて考えるのが道徳科の学習です。

7 評価したことを記述するときに工夫したいこと

1 読む相手を意識する
2 記述（所見）のよくない例
3 たった1回の記録で、評価を行わないこと

1 道徳科の評価を記述するときに気を付けること

指導に生かすために記録に残す指導要録は、ほとんどの場合、目にするのは教師です。しかし、通知表は、保護者に子どもの学習の様子を知らせる等の目的で作成します。保護者が読んでわからない難解な言葉や、不信感をもたれるような曖昧な記述は避けるようにします。

2 道徳科の評価として、なぜよくないのか、その理由を考えてみよう

（1）よくない記述例

① 人を思いやるやさしい心情が育ったと思います。

② その成果として、性格も前向きで明るくなってきました。

③ 他の子に比べて発言は少ないですが、ノートによく書けています。

④ 委員会活動では、どんな仕事にも率先して取り組みました。

⑤ 挙手の回数や発言も多く、学習への積極さを感じます。

（2）ふさわしくない記述の理由

①…道徳性そのものを評価した記述になっています。心情が育ったかどうかは、容易に判断できるものではありません。「判断力が高まった」や「態度が育った」といった記述も同じことがいえます。

②…子どもの性格を評価した記述になっています。そもそも、子どもの性格は、道徳科の学習状況とは異なるものです。また、子どもの人格に関わる内容は、慎重な吟味が必要です。

③…他の子どもと比較した評価になっています。道徳科は、子どものマイナス面を強調したり、他者と比べたりするような評価はしません。

④…道徳科の学習ではなく、委員会活動の様子のことを記述しています。道徳科の評価は、道徳科の授業における子どもの学習状況を継続的に把握していきます。

⑤…どの教科等にも当てはまるような学習の様子です。このような記述は、道徳科の学習としての特質が記述に反映させられていません。

（3）こうすればもっと子どもに届く

①の改善例

思いやりの学習では、「手を差し延べる思いやり」と「見守る思いやり」を比べながら話し合い、「見守る思いやり」があることに気付きました。

②の改善例

道徳科の授業では、自分がその場面にいたら、どのような気持ちになるのかどのような行動をとるのか、を考え、発言するようになってきました。

③の改善例

4月当初に比べ、登場人物の立場になり、自分の考えを発言するようになってきました。また、ノートには、今の自分の課題や自分にとって大切なことをまとめていました。

④の改善例

勤労について考える学習では、委員会活動での自分の活動を振り返り、役割と責任、達成感等の勤労の意義について、考えを広げていました。

⑤の改善例

道徳科の学習では、授業の中で、今の自分を振り返ったり、これからの自分を思い描いたりしながら、考えを発言するようになってきました。

3 学級全員の子どもの記録をどのように残していくのか

毎時間、すべての子どもの学習状況を記録することは難しいものです。しかし、例えば毎時間3〜5人ずつの学習状況を記録していけば、無理なくすべての子どもの記録を残すことができます。記録されていない子どもは特に、次の授業で意識して見取るようにします。また、たった1回の授業だけで評価をしようとするのは、評価の信頼性を担保することが難しいといえます。継続的に記録に残していくことを大切にしましょう。

NHKの道徳番組は
どう活用する?

　よく知られるように、NHKでは、学校での教育用に使える番組を用意しています。「NHK for School」というホームページには、道徳科の授業に関しては、次の番組が置かれています。　（2025.1月当時）

小学校1・2年用……「新・ざわざわ森のがんこちゃん」
　　　　　　　　　　「銀河銭湯パンタくん」
小学校3・4年用……「もやモ屋」　※旧「時々迷々」も視聴可
小学校5・6年用……「ココロ部！」「SEED なやみのタネ」

　これらの番組はどのように活用できるのでしょうか。

　なかには、「道徳科は配付された教科書を使うように」と言って、それ以外の教材の活用に関心を向けない学校や地域もあります。しかし、学習指導要領には道徳科において「多様な教材の活用に努めること」と示しています。学校や地域の様子や子どもの実態も異なるのに、教科書のみでは、その違いに向き合うこともできません。

　もちろん、「主たる教材」である教科書は計画的に用いますが、学校の特色や重点などに併せて、生かしたい番組を年間指導計画の上で置き換えて位置付けるのです。おそらく、全国一律の教科書も、このことによって、NHKの番組と響き合って一層の力を発揮するでしょう。また、動画教材のもつ迫真性や感動性は、道徳授業の大きな変化球にもなるはずです。しかも、番組の多くは、そのタイトルからも想像できるように、子どもを迷いや葛藤に引き込んで議論をわかせるような効果的な仕掛けが多様に織り込まれています。

　まずは、HPの道徳のサイトを開けて、「先生向け」をONにしてみてください。すると、番組のあらすじとともに、展開例（複数を置くものもあり）やワークシート、静止画面、イラスト、板書例などが配置されていて、教室で柔軟に活用するための情報やヒントを見いだすことができ、今すぐにでも使いたくなるでしょう。

Q & A

 **Q 1 どうしても一問一答になってしまう**

 授業の展開にあわせて、問題意識を高めたり多様な感じ方、考え方を引き出したりできるような発問を工夫しましょう。

　一問一答のような授業展開になってしまうとき、どのような発問をしているのでしょうか。「どんな気持ちだったでしょう」といった発問で、登場人物の気持ちを話の流れに沿って繰り返し問うていく授業を目にすることがあります。登場人物の気持ちを問うだけでは、その言動を支える道徳的価値に迫るのは難しく、一問一答のような授業展開になりがちです。どうしてそのような気持ちになったのか、子どもがその理由を考えたり、教材が取り上げているテーマについて考えたりできるような問い返しをして、その発言を学級全体に広げることで、子どもが考えを深めることができるようにすることが大切です。そのために、教師は、ファシリテーターとして話し合いをコーディネートしていく役割を担っていきます。

　発問を吟味して絞り込み、ファシリテーターとして、子どもたちの発言を整理し、以下のような問いかけをすることで課題の共有化を図るなど、考えの広がりや深まりを促す働きかけを工夫してみましょう。

【考えの広がりや深まりを促す問い返し例】

「どうしてそう思ったの？」
　　→考えの根拠を問う

「自分だったらどうしたと思う？」
　　→自分が登場人物だったらどう感じ、どう行動するかを問う

「どうして～することが大切なのかな？」
　　→教材で描かれている場面を手がかりに道徳的価値の意味を考えさせる

「○○さんの考えだけでいいの？」「みんなはどう思う？」
　　→学級全体に揺さぶりをかけ、議論を活性化させる

Q2 一部の子どもしか発言してくれない

A 自分の考えを安心して発言できる雰囲気のある学級をつくりましょう

まず、私たち教師が、子どものありのままを受け止め、その考えを受容する、そして、子どもも友だちの考えに耳を傾け、多様な考えを受け止める、そんなあたたかな雰囲気づくりを大切にします。自分が考えたことを話すこと、伝えることが大切だ、という意識を子どもたちがもてるように、日頃から思ったことや考えたことを自由に話すことのできる学級づくりを心がけましょう。

その上で、子どもたちが多様な考えを出し合い、考え、議論する道徳科の授業を目指し、次のような手立てを講じることが考えられます。

【話し合える場づくりの工夫】

○ペアや小グループによる話し合いの場を設定することで、全員の発言の場をつくる。その際、子どもの考えを把握したり、「どうしてそう思ったの？」「なるほど」などと声かけをすることで一緒に考えを整理したりする。また、子どもが全体での発言に自信をもてるような机間指導も大切にする。

○ネームプレートやハンドサイン、ICT端末の活用等で、全員が意思表示をする場を工夫して取り入れる。

○話し合いに広がりをもたせるために、挙手した子どもだけでなく、教師が意図的に指名したり、子どもたちの相互の指名を生かしたりしながら、話し合いを進めていく。

○子ども同士が顔を見ながら話し合うことができるように、グループやコの字型の座席にする、自由に話しやすくなるように、教師の前に全員が集まって座る読み聞かせの形にするなど、話し合いの形態を工夫する。

また、私たち教師は、手が挙がらないと不安になり、さらに話し続けてしまうということがありがちです。そんなときこそ、子どもたちがじっくりと考える「沈黙の時間」も大切にしてみたいものです。

 **3** 子どもの学習意欲が高まらない

 **授業の導入の場面で、主題に対する問題意識を
子どもがしっかりともてるようにしましょう。**

　子どもたちは、どのようなときに「考えたい！」「話し合いたい！」と感じるのでしょうか？

　子どもたちは、日常生活の中で多くの道徳的な問題場面に出会っています。「こういうときに、どうすればよいのだろう」「わかってはいるのだけれど、どうしてもできない」というような悩みや葛藤はたくさんあることでしょう。しかも、解決することなく時間の経過とともに意識の奥底にとどまっているものもあると思います。そこで、そのような日常生活の中の無意識を、道徳科の授業の中で意識化させることで問題意識をもたせて話し合いへの意欲を高めていくようにします。

　例えば、導入の場面で次のような場を設定し、子ども同士、教師と子どもたちとの対話から、子どもたちの問題意識を高める工夫が考えられます。

> **【問題意識を高める導入例】**
> ○これまでの生活体験等から想起し、本時で取り上げる道徳的価値について、イメージを出し合う場を設定する。
> ○本時で取り上げる道徳的価値に関連する事象などを、画像や映像で紹介する。
> ○本時で取り上げる道徳的価値等についての事前アンケートの結果（数値、グラフ、文など）を提示する。

「解決したい」「みんなで話し合いたい」という問題に出会うと、子どもたちはその問題を他でもない自分事として受け止め、意欲的に、主体的に学ぼうとするようになります。そのような思いを引き出すことができるような教材提示や話し合いの仕掛けを工夫してみましょう。

> 私の考えている「思いやり」と○○君の考えている「思いやり」は少し違う気がするなあ。

Q4 いろいろな発言があるのはよいのだけれど、収集がつかなくなってしまう

A 指導の意図を明確にもち、発問を精選すると、深めていきたい子どもの発言が見えてきます。

　子どもの発言が活発なのは、教師として嬉しいことです。しかし、教師が指導の意図を明確にもっていないと、子どもの発言に振り回されてしまうということになりかねません。そうならないようにするためにも、特に次の3つのポイントを押さえるようにしましょう。

1. 授業の前に「本時の指導の意図」を明確にする

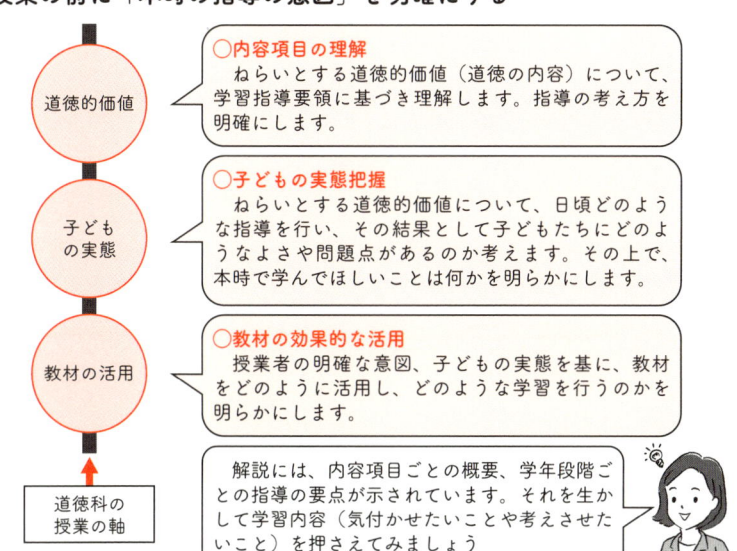

2. 発問を精選する

　指導の意図が明確になったら、「どの場面で何を発問するのか」について、絞り込みましょう。目の前の子どもの発言を想像しながら発問を考えます。

3. 導入などで子どもの問題意識を高める

　本時のねらいとする道徳的価値に対する問題意識を、とりわけ、導入の段階で高めるようにします。子どもが考えたくなる仕掛けを工夫しましょう。

> 本時の授業の軸が明確になると、ぶれない授業に近づきます。

Q5 教師の用意した答えに引っ張っている感じがする

A 道徳科では、子どもの考えのすべてを大切にします。少し気になる考えが出されたときこそ、考えを広げたり深めたりするチャンスです！

　国語科や算数科など、各教科の内容の指導については、教科用指導書を使用しながら、知識や技能を子どもたちがどのように獲得するのかということが中心になります。指導する教師は、各教科の内容についてよく理解しているので、教えることができます。しかし、道徳科の場合は、そこに根本的な違いがあります。道徳の内容には、教師であっても実際にはなかなかできないということも含まれています。道徳科においては、教師も同じ人間として子どもとともに生き方を考えていくという姿勢を大切にします。

1. 子どもに対する言葉掛けを配慮する

○○さんの考えはとてもよいですね。よい考えなので、発表してもらいます。

A先生

○○さん、よく考えましたね。その考えの理由を聞かせてください

B先生

　ここで考えてみましょう。どちらの言葉かけが適切でしょうか。A先生のような言葉かけを繰り返していくと、どのような子どもが育つでしょうか。おそらく、A先生の学級の多くの子どもたちは、「頭では分かっているよいと思うこと」を、考えるようになるでしょう。果たしてそれは子どもの本音でしょうか。

2. 子どもの本音を引き出すことで多様な考えに触れさせる

　道徳科の授業においては、よりよい生き方に向かう価値感だけでなく人間の弱さを含めた子どもの多様な考えを引き出すことが大切になります。道徳的価値を理解するためには、「価値理解」だけでなく、「人間理解」「他者理解」が大切になるからです。

　よい考えかどうかを判断するのは、子ども自身です。教師の考えを教えるのではなく、一見よくないのでは？と思いがちな考えも大切に生かしましょう。

 **Q** **6** いつも同じような授業の流れになってしまう

 A 授業づくりでは、学習の流れの中で多様な工夫が考えられ、時間の かけ方も異なります。さまざまなアイデアで、授業を拓いていきましょう。

授業における多くのアイデアの中から適切なものを選び、生かすようにすることで、多様な授業の流れや活動を生み出すようにします。

導入／	問題意識をもつ	・アンケートの集計結果や意見提示（写真、作文、新聞記事、インタビュー等）※テキストマイニング等を生かすことも 教材提示 ・大型絵や紙芝居　・パネルシアター　・実物や写真提示 ・黒板を舞台のようにして提示する　・電子黒板を生かす
展開	主体的に考え話し合う	発問　※中心的な発問を軸に、一体的にとらえて構成する ・目の前の子どもの問題意識や疑問が生かされ、生み出される多面的・多角的な思考が促される発問 ・考える必然性や切実感があり、心が揺さぶられる発問 話し合い　※ペア・グループ交流等で練り上げる ・考えの立場や気持ち等の類別（違い）を可視化する 　（色カード、ハート図、心の数直線、グラフ等を生かす） ・意図的指名　・座席配置等の形態の工夫
	多面的・多角的に考える↓↑自己を見つめる	書く活動　※書く回数を重要な箇所に絞り込む ・吹き出しを付けた形式　・手紙の形式　・絵や記号等 ・自己評価欄を置いた形式 表現活動 ・役割演技　・劇化　・動作化　・疑似体験 板書 ・中心部分を特にクローズアップした構成 ・意見の違いが類別化、類型化された構成 ・子どもが参画できる構成
／終末	思いや考えを温める	説話 ・日常の話題や学級の出来事等を生かした内容 ・詩や手紙によるメッセージ、格言等を生かした内容 ・教師（担任、管理職、養護教諭等）、保護者、地域の人等の体験談等

このような学習指導過程は、ねらいとする道徳的価値の理解の基に道徳性の様相を育てるためにも大切な授業の流れになりますが、それは型にはめるものではありません。その指導方法には多様な工夫があり、時間のかけ方も異なります。教材を活用する時間よりも、体験を想起する時間を多く取ることもありますし、時には複数の時間で進めることも考えられます。ぜひ、先生の指導のアイデアへの挑戦で授業をつくってみてください。

Q7 国語の授業のような教材の読み取りになってしまう

A 子どもが自分との関わりで考えられるような発問をすることを心がけます。

国語と道徳のちがい

「道徳の授業をしているのに、国語の授業みたい…」そんなふうに思ったことはありませんか？

【国語の授業みたいだと感じるとき】

・答えや自分の考えの根拠となる事柄を本文から探しているとき

【道徳の授業らしいと感じるとき】

・教材の場面をもとに、自分のこととして話しているとき
・「自分だったら〇〇するなぁ」と、登場人物の行動や行いを自分に置き換えて話しているとき

私たちは道徳の授業で、出会った教材の問題場面について、自分のことのように熱く語ってほしいと考えます。国語と道徳の授業の違いは、その子どもの経験が織りまぜられて、語られるかどうかです。経験していないことは、子どもから出ません。では、どうしたらよいのでしょうか？

教材の読み取りにならないようにするためのポイントは！

大事なことは、子どもが、自分との関わりで考えられるような発問をすることです。

道徳科は、自己の生き方について考えを深める教科です。そのためには、教科書の場面を子ども自身が道徳の問題場面において「自分と重ねて考えること」が大切になります。これを「自分との関わりで考える」と言います。子どもが、（自分ならどうかな？）と自分の経験をもとに考えられるような授業づくりが特に重要になるのです。

自分との関わりで考えられる発問例

・このときの登場人物の気持ってわかる？　どうして、それがわかるの？
・その考えをあなたはどう思う？
・自分が登場人物だったら、どうする？

Q8 教科書以外の教材を使いたいのだけれど……

**教科書以外の教材、使ってもよいのです。
ただし、気を付けたいことがいくつか…**

新聞やテレビ、雑誌を見ていて…「これは、授業で使えそうだな」「これは、クラスの子どもにぴったりのものだな。道徳の授業で使いたいな」などと、思ったことはありませんか？　日常生活の中から教材を見つけようとすることは、素敵な姿です。そのことについて、解説には、要約すると次のような内容が書かれています。

教科書以外の教材を使うとき、目の前の子どもが一生懸命にさまざまなことを考えたり、感動を覚えたりするような充実した教材の開発や活用が求められます。

そのためには、日頃から多様なメディアや書籍、身近な出来事等に強い関心をもつとともに、柔軟な発想をもち、教材を広く求める姿勢が大切だとされています。

つまり、自分が授業で使いたいからと言って自由に教材化して、授業することは避けなくてはいけません。気を付けたいポイントは…

1　教材として使う場合、許可が必要か（作者、出版社など）

写真やインタビュー内容など、作者や著者に許可をとらなければ、授業で使用できないことがあります。

2　学年間・学校間で差異は生じないか

自分だけが行うのではなく、素敵な教材は多くの人に紹介したいものです。学年の担任にも共有しましょう。

3　年間指導計画との関連はどうか

年間指導計画には、その学年で扱うすべての内容が指導できるように配列されています。学年内での相談や、相互の提案によって、より適切でタイムリーな教材に置き換えていくことも検討しましょう。

子どもたちが出合った教材をきっかけにしてさまざまなことを考え、自分の生き方までも考えることができるような機会にしたいものです。

第6章 Q&A

どのように授業をまとめてよいのか
わからない

**さまざまな感じ方、考え方に触れ、最後に一人一人が納得解を
導き出せるようにしましょう。**

　まとめというと、1つの課題に対して1つのまとめというイメージをもちがち
です。しかし、道徳科では、さまざまな感じ方、考え方に触れることを大切に
します。そこで、子どもたちから出た考えを生かしてまとめてみてはどうでしょ
う。

　例えば、「ロレンゾの友達」という教材があります。ロレンゾが犯罪を犯し
たらしいと噂で聞いた友達のアンドレとサバイユが、「自首をすすめるか」「黙
って逃がすか」で選択が分かれ悩み、「本当の友達とは何だろう？」と考える
ような物語です。

　教材を読み聞かせた後に、「自分だったらどうするか？　それは、なぜか。」
と行為と理由を問いました。子どもは、さまざまな考えを出しました。子ども
からは、「友達だったら…」という発言が何度もあったため、この時間の課題
を『本当の友達とは？』と設定しました。一
人で考える子どももいれば、グループで考え
る子どももいます。考えたことは、ホワイト
ボードに書き込むように指示しました。子ど
もが考えだしたものを本時のまとめとして囲
み、位置付けました。

> **まとめ方例**
> ・教師のとっておきの話
> ・場に合ったエピソード
> ・板書のキーワードを生かしたまとめ
> ・子どもがノートやシートに記述した
> 　ことを確認し合う

　ここで終わりではなく、このあとの個人の振り返りが大切です。

　振り返りの記述で、一人一人の子どもが納得解（課題に対しての自分の考え
とそのように考える理由）を自ら見つけていきます。課題（本時にみんなで考
えること：道徳的価値に関わる問い）について考え、その子どもが導き出した
納得解を、道徳ではまとめと言ってよいのです。つまり、一人一人にその授業
でのそれぞれのまとめがあるということです。

　ただし、発達の段階によってははっきりとしたまとめが必要になることもあ
ります。例えば、低学年は正しさを考え学ぶ時期ですから、課題に対してクラ
スのみんなで考えた答えをまとめとすることもあります。

道徳の授業を
楽しもう！

　私は現在、教員養成系の大学に籍をおき、教師になろうとする学生に道徳の指導の仕方を教えているのですが、はじめに道徳に対する印象を学生に問うと、自分が小学生の頃に受けていた道徳の授業を思い出し、「道徳のお話を読むのが好きでした」「正解はなく何でも言い合えるのが楽しかった」という声をよく聞きます。しかし、指導の仕方を学んでいくうちに、何でもよいわけではなく、授業には「ねらい」があり、道徳的価値を理解しながら道徳性を養うように導いていくことの難しさに気が付きます。しかも、純粋な心から表現される子どもたちの気持ちや考えをどのように受け止めればよいのか、押しつけではなく、子どもたちの心にねらいとする道徳的価値を残していく指導の難しさを感じている様子をうかがうことができます。そんな学生が教育実習を行うと、研究授業で選ぶ教科は圧倒的に算数が多いのです。指導の見通しがもちやすく、目指すゴールがはっきりとしているからなのでしょうか。

　算数では長さを測るために定規（ものさし）を使いますが、道徳でもものさしを使ってはかります。そのものさしではかるものは、善悪だったり、好き嫌いだったり、損得だってあるわけです。「はかる」は「図・計・測・謀・量」などの漢字表記がありますが、どれが適切なのか、なかなか判断がつきません。最終的には善悪の判断ができる確かな心を育てたいのですが、好き嫌いや損得抜きで考えてしまったら人間らしさが失われてしまいます。人それぞれに人間らしい「よさ」、つまり、道徳性があるのです。その「よさ」だって「善・良・好・佳」があり、一つの漢字で表してしまうとその人間らしいよさが失われてしまう気がします。それが道徳を指導するスタンスです。ところで読者の皆さんは、本誌のキャラクターである「きつね」にどのような印象をおもちでしょうか。化けるもの、人間を騙すもの、それとも、神様のお使い、どれも人間の心にあるものかと思います。

　そんな人間、子どもの心を扱う指導に少し難しさを感じるからこそ本書があるわけです。各ページを分担していただいた先生方のアドバイスを繰り返し読んで、道徳の授業の仕組みを理解していただいたら、その後は、あなたならではの道徳の授業を子どもたちと共に楽しんでみてください。きっとそこに、本書の「はじめに」でふれたような、あなたが教師の道を選んだ理由を改めて確かめることができ、あなたが教師の魅力として思い描いてきた時間と空間を子どもたちとともに分かち合うことができると思います。道徳の授業は、あなたと子どもの道徳性、つまり、人間らしいよさを共に育むものなのです。
「あなたの心のものさしと、私の心のものさしを、ちょっと比べてみない、今（コン！）度の道徳の授業で！」

　最後に、本書の編集に当たっては、東洋館出版社の西田亜希子様に多大なご尽力いただきました。心よりお礼申し上げます。

2025年3月
編者

編著者紹介

＊所属は2025年1月現在

永田繁雄（ながた しげお）

はじめに／第1章1／第2章コラム／第4章1／第5章コラム

東京学芸大学教授

東京都内小学校教諭、都内教育委員会指導主事を経て、2002年1月から文部科学省初等中等教育局教育課程課教科調査官。その後、2009年4月より東京学芸大学教授。2020年度より特任教授。2023年度より同大学教授。中央教育審議会道徳教育専門部会委員。「小学校学習指導要領解説　特別の教科　道徳編」作成協力者。主な著書に〈編著〉『板書で見る全時間の授業のすべて（低・中・高）』2020年、東洋館出版社、『実例でよくわかる小学校「道徳科」評価と通知表記入』2021年、教育開発研究所、『多面的・多角的思考を促す　道徳教材発問大全集（道徳科授業サポートBOOKS）』2024年、明治図書出版などがある。

浅見哲也（あさみ てつや）

第1章2／第1章コラム／第2章1／第3章1／第3章コラム／第4章コラム／第5章1／おわりに

十文字学園女子大学教授

埼玉県熊谷市及び深谷市内の公立小学校教諭、埼玉県教育委員会及び深谷市教育委員会指導主事、同市内小学校教頭、校長兼幼稚園長を務め、2017年より文部科学省初等中等教育局教育課程課教科調査官、国立教育政策研究所教育課程研究センター教育課程調査官を経て、2023年より現職。主な著書に、〈編著〉『道徳授業の個別最適な学びと協働的な学び ICTを活用したこれからの授業づくり』2023年、明治図書出版
〈単著〉『こだわりの道徳授業レシピ』2020年、東洋館出版社、『道徳科 授業構想グランドデザイン』2021年、明治図書出版などがある。

執筆者一覧

* 執筆順、所属は2025年1月現在

藤原祐介 (ふじわら ゆうすけ)　第1章3〜5
埼玉県幸手市立上高野小学校主幹教諭

尾崎正美 (おざき まさみ)　第1章6〜9
岡山県瀬戸内市立国府小学校教頭

遠藤円香 (えんどう まどか)　第1章10〜12
東京都中野区立上鷺宮小学校主任教諭

池田なほみ (いけだ なおみ)　第2章2〜5
東京都北区立梅木小学校主幹教諭

田所圭子 (たどころ けいこ)　第2章6〜8
千葉県船橋市立峰台小学校教諭

三宅浩司 (みやけ こうじ)　第3章2・3・8
愛媛県松山市立久枝小学校教諭

幸阪芽吹 (こうさか めぶき)　第3章4〜7
東京都中野区立令和小学校指導教諭

吉羽扶美子 (よしば ふみこ)　第4章2〜4
東京都板橋区立板橋第四小学校主幹教諭

髙橋可南子 (たかはし かなこ)　第4章5〜7
東京都調布市立調和小学校主任教諭

川合恭子 (かわい きょうこ)　第4章8〜10
愛知県豊田市立青木小学校教諭

小林伸介 (こばやし しんすけ)　第5章2〜4
埼玉県日高市立高麗川小学校主幹教諭

小野勇一 (おの ゆういち)　第5章5〜7
大分県教育庁義務教育課・幼児教育センター義務教育課長 兼 幼児教育センター所長

堀井綾子 (ほりい あやこ)　第6章Q1〜Q3
秋田市教育委員会指導主事

佐藤倫子 (さとう みちこ)　第6章Q4〜Q6
福島県福島市立飯野小学校教頭

剱　仁美 (つるぎ ひとみ)　第6章Q7〜Q9
新潟県新潟市立新潟小学校教諭

カスタマーレビュー募集

本書をお読みになった感想を下記サイトにお寄せください。レビューいただいた方には特典がございます。

https://www.toyokan.co.jp/products/5782

LINE 公式アカウント

LINE 登録すると最新刊のご連絡を、さらにサイトと連携されるとお得な情報を定期的にご案内しています。

はじめての道徳

2025（令和7）年3月21日　初版第1刷発行

編　著　者：　永田繁雄・浅見哲也
発　行　者：　錦織圭之介
発　行　所：　株式会社東洋館出版社
　　　　　　　〒101-0054 東京都千代田区神田錦町2丁目9番1号コンフォール安田ビル2階
　　　　　　　営業部　電話 03-6778-4343　FAX 03-5281-8091
　　　　　　　編集部　電話 03-6778-7278　FAX 03-5281-8092
　　　　　　　振　替　00180-7-96823
　　　　　　　U R L　https://www.toyokan.co.jp
装丁・本文デザイン：　mika
キャラクターイラスト：　藤原なおこ
印刷・製本：　藤原印刷株式会社

ISBN　978-4-491-05782-8
Printed in Japan